Thüringen bittet zu Tisch

THÜRINGEN
bittet zu Tisch

Renate Schach von Wittenau
Fotos von Ulf Böttcher

HINSTORFF

Die Autoren und der Verlag danken folgenden Persönlichkeiten und
Institutionen, die großen Anteil am Zustandekommen dieses Buches haben:
Frau Andrea Germar, Backstube Altengönna, Altengönna
Frau Bettina Schiebel, Zeutsch
Frau Petra Küster, Stadt Dornburg/Stadtverwaltung, Dornburg
Frau Birgit Rieger, Kahla/Thüringen Porzellan GmbH
Herrn Peter Lesser, Fleisch & Wurstwaren GmbH Schmalkalden,
Gewerbegebiet Aue
Herrn Herbert Frauenberger, Hotel Frauenberger, Tabarz
Herrn Dr. Hans-Joachim Hook, Hotel Auf der Wartburg, Eisenach, Wartburg
Herrn Albert R. Pasch, Meiningen
Herrn Manfred Heptner, Restaurant Zum Goldenen Zwinger, Meiningen
Herrn Torsten Hache, Restaurant Pagenhaus, Gotha
Herrn Lothar Beck, Stadthotel Patrizier, Schmalkalden
der Modellbaustein-Spiele GmbH, Rudolstadt
den Staatlichen Museen Meiningen, Schloß Elisabethenburg, Meiningen

Das Cover zeigt den Innenhof der Wartburg, fotografiert von Ulf Böttcher.
Die Fotos auf den Seiten 39, 47, 51, 74 und das Foodfoto auf dem Cover sind
von Frau Renate Schach von Wittenau.

Die Deutsche Bibliothek – CIP-Einheitsaufnahme

Thüringen bittet zu Tisch / Renate Schach von Wittenau.
Fotos von Ulf Böttcher. - 1. Aufl. - Rostock : Hinstorff, 1997
ISBN 3-356-00751-3

© Hinstorff Verlag GmbH, Rostock 1997
1. Auflage 1997
Herstellung: Salzland Druck, Staßfurt
Printed in Germany
ISBN 3-356-00751-3

HOCH-ZEIT IN DER HÖHE

Die Wartburg, Thüringens bekannteste Sehenswürdigkeit, empfängt an manchen Tagen bis zu dreitausend Besucher. Wahres und Legenden ranken sich um sie. Alles fing mit Ludwig dem Springer an: „Wart', Berg, du sollst mir eine Burg tragen", soll der Landgraf ausgerufen haben, als er mit seiner Jagdgesellschaft von der Höhe ins Land hinausschaute. 1067 begann er mit dem Bau einer Befestigung. Da ihm Grund und Boden nicht gehörten, brachte er Erde aus eigenen Landen auf den Berg. Mit diesem Trick erfocht er vor dem Kaiser die Anerkennung seines Besitzanspruchs. Aber aus der Wartburg wurde keine kriegerische Festung, sondern ein Zentrum großer Ideen. Jeder kennt wohl die Geschichte der Heiligen Elisabeth, des Landgrafen Schwiegertochter. Zu Beginn des 13. Jahrhunderts lebte sie nach dem Vorbild des Franz von Assisi und versorgte die Armen und Kranken. Das Brot für die Hungernden in ihrem Korb verwandelte sich durch Gottes Hilfe in Rosen, als der Landgraf sie unwillig nach dem Inhalt fragte.

Die Wartburg war im 13. Jahrhundert Ziel und Aufenthaltsort der Minnesänger. Walther von der Vogelweide, Wolfram von Eschenbach und andere trafen sich dort der Legende nach zum Wettstreit, dem berühmten Sängerkrieg, der als Wagner-Oper „Tannhäuser und Der Sängerkrieg auf der Wartburg" die ganze Welt eroberte. Generationen später, 1521, wurde Martin Luther auf der Rückreise von Worms mit Zustimmung seines Landesherrn Friedrich des Weisen zum Schein auf die Wartburg entführt. Als „Junker Jörg" lebte er dort und übertrug das Neue Testament ins

Eisenach, „Hotel Auf der Wartburg", Wappensaal

Deutsche. Auch Goethe besuchte die historische Stätte. An Charlotte von Stein schrieb er damals: „Wenns möglich ist, zu zeichnen, wähl' ich mir ein beschränkt Eckchen, denn die Natur ist zu weit herrlich hier auf jeden Blick hinaus." Herzog Carl August war es, der das „verfallene Denkmal des Altertums" wieder instand zu setzen begann – ein Werk, das unter dem Enkel Carl Alexander von Sachsen-Weimar am Ende des 19. Jahrhunderts vollendet wurde. 1816 hatte das Land bereits eine fortschrittliche Verfassung erhalten. Als nun 1817 der dreihundertste Jahrestag der Reformation und der vierte Jahrestag der Völkerschlacht bei Leipzig bevorstanden, baten Studenten aus Jena den modern denkenden Landesherrn Carl August, das „Fest der freien Christenheit" auf der Wartburg feiern zu dürfen. Elf deutsche Hochschulen schickten fünfhundert Abgesandte nach Eisenach. Sie forderten die Einheit Deutschlands. Seit diesem Wartburgtreffen der studentischen Burschenschaften sind die Farben Schwarz-Rot-Gold das Symbol deutscher Einheit in Freiheit.

Jahrhundertelang haben Menschen auf der Wartburg gefeiert, getafelt, getrunken, fröhliche Gastlichkeit erlebt. Die Geladenen wurden auf der Burg bewirtet, bis 1861 auf der Klippe nordwestlich des Wartburgfelsens eine Gaststätte mit Fremdenzimmern entstand. Das war der Ursprung des heutigen „Hotels Auf der Wartburg". Hunderte von Essen gibt Küchenchef Heinrich Reiff täglich aus. Von der Rostbratwurst bis zur gespickten Rehkeule, vom schnellen Durstlöscher bis zum erlesenen Wein reicht das Angebot. Seit 1993 hat sich auch das Standesamt auf der Burg angesiedelt. Hochzeit in der Höhe ist seither an der Tagesordnung. Festlich wird aufgedeckt, und wie ein thüringisches Hochzeitsmenü aussehen kann, hat der Küchenchef für unser Buch zusammengestellt. So können Sie es bei ihm bestellen. Hoteldirektor Dr. Hans-Joachim Hook bemüht sich seit 1993 um einen ganz individuellen Stil des Hauses. Die harmonische Einrichtung, der gut bestückte Weinkeller, auch mit Gewächsen von Saale und Unstrut, die reizvollen Ideen für die Bewirtung, die Darstellung des Hauses in der Öffentlichkeit – damit zeigt der engagierte Manager sein ganzes Können und seine Liebe zum Unternehmen „Wartburg" zur Freude seiner Gäste.

Galantine von der Wildente

2 unausgenommene,
gerupfte Wildenten (ca. 2 kg)

Brühe:
150 g Möhren, 150 g Sellerieknolle
1 Zwiebel, 1 Gewürznelke, 1 Lorbeerblatt
4 Wacholderbeeren, 4 Pimentkörner, Wasser

Füllung:
200 g eisgekühlte Poulardenbrust
250 ml sehr kalte Sahne
(1/3 davon steifgeschlagen)
Salz, Pfeffer, etwas abgeriebene Muskatnuß
1/2 Gläschen Cognac (1 cl), 2 cl Trüffelsaft

Außerdem:
150 g gekochter Schinken, 25 g schwarze
Trüffel (aus dem Glas), 50 g geschälte Pistazien
80 g Gänse- oder Entenstopfleber

Die Enten ausnehmen: Als erstes den Hals mit dem Kopf vom Körper trennen. Dann die Flügel bis zum „Ellenbogengelenk" abschneiden. Die Füße ebenfalls abtrennen. Nun die unausgenommenen Enten mit der Brust nach unten auf ein Brett legen und die Haut am Rückgrat vom Hals bis zum Bürzel aufschneiden. Dann vorsichtig – damit die Haut nicht reißt – das Knochengerüst von Haut und Fleisch ablösen, auch von Bein und Flügelknochen. Die Hüftgelenke durchschneiden. Das Knochengerüst und die Innereien möglichst unbeschädigt herausnehmen. Die Enten mit der Haut nach unten auf dünne Küchentücher legen.

Für die Brühe das Würzgemüse putzen, waschen und in kleine Würfel schneiden. Die zerlegten Entenkarkassen zusammen mit den Gewürzzutaten in ca. 2 l Wasser aufkochen und abschäumen. Im offenen Topf schwach unter dem Siedepunkt ca. 1 1/2 Stunde gar ziehen lassen. Danach durch ein Sieb geben.

Inzwischen die Füllung zubereiten: Die kalte gewürfelte Poulardenbrust zusammen mit 2/3 der flüssigen Sahne im Feinhacker sehr fein hacken. Dann Salz, Pfeffer, Cognac und Trüffelsaft unterrühren. Die Farce wieder kalt stellen, damit sie nicht gerinnt!

Den Schinken und die Trüffeln fein würfeln. Die Pistazien grob hacken. Alles zusammen mit der restlichen Sahne und Muskat unter die Poularden-Farce kneten. Die Farce auf die ganze Innenfläche der Enten verteilen. Die Stopfleber in grobe Streifen schneiden und auf der mit Farce bestrichenen Brustpartie verteilen. Die Enten von der Brustseite her nicht zu fest aufrollen und die Küchentücher zusammenbinden.

Die guten ins Töpfchen, die schlechten ins Kröpfchen – Märchenhaftes auf der Wartburg

Die Geflügelbrühe in einem großen, hohen Topf aufkochen. Die eingepackten Enten hineingeben, die Hitzezufuhr verringern, so daß die Brühe (bei ca. 80 Grad C) unter dem Kochpunkt bleibt. Die Enten 1 Stunde „ziehen" lassen. Dann in der Brühe abkühlen lassen. Nun herausnehmen, mit einem Brett beschweren. 12 Stunden ruhenlassen. Zum Servieren auswickeln und in Scheiben schneiden. Zusammen mit Johannisbeer-Sauce und kleinen Portionen Apfel-Sellerie-Salat als Vorgericht auf Tellern anrichten.

Kalte Johannisbeer- sauce

3 gehäufte El Johannisbeergelee
1 Prise Paprikapulver, Salz
1 Msp. Senfpulver
1/2 Tl gemahlener Ingwer
3 - 4 El Portwein
Saft von 1 Apfelsine
Saft von 1/2 Zitrone
dünn abgeschälte Schale von
1/2 unbehandelten Orange
und 1/2 Zitrone

Gelee und Gewürzzutaten schwach erwärmen. Portwein und Saft unterrühren. Die Zitrusschale (ohne die weiße Haut) in sehr feine Streifen schneiden und unter die Sauce rühren.
Die Sauce paßt zu kaltem Fleisch, Fleischpasteten, Wild- und Lammbraten.

Apfel-Sellerie-Salat

(für 10 Personen)
1 Sellerieknolle (1,2 kg)
Essig-Salz-Wasser
3 Äpfel
1/8 l Apfelessig
Salz, Zucker
frisch gemahlener weißer Pfeffer
4 - 5 El Öl
(zum Beispiel Sonnenblumenöl)

In einem großen Topf ca. 2 Liter Essig-Salz-Wasser aufkochen. Inzwischen die gewaschene Sellerieknolle in dicke Scheiben schneiden und schälen. Im sprudelnd kochenden Wasser die Scheiben 3 Minuten blanchieren (angaren). Im kalten Wasser schnell abkühlen lassen. Dann abtupfen und in feine Streifen schneiden. Mit den Gewürzzutaten und dem Öl vermischen und pikant abschmecken. Ca. 1 Stunde durchziehen lassen.

Vor dem Servieren die Äpfel schälen, waschen, entkernen und ebenfalls in Streifen schneiden. Sofort unter den Selleriesalat mischen. Jeweils eine kleine Portion Salat aus Wild-Galantine mit anrichten.

Samtsuppe von zweierlei Petersilie mit Eiernocken

(für 10 Personen)
3 Bund krause Petersilie
2 Zwiebeln
250 g Porree
250 g weiße Petersilienwurzel
150 ml Sonnenblumenöl
2 x 3 Tl Mehl
1,5 l Geflügelbrühe
1 l Sahne
Salz, Pfeffer

Eiernocken:
100 g weiche Butter
4 Eigelb
1 Ei
75 g gesiebtes Mehl
Salz
abgeriebene Muskatnuß

Die Petersilie waschen und die Blättchen abzupfen. Die Stengel beiseite legen. Die geschälten Zwiebeln würfeln. Von der Porreestange dunkelgrüne Blätter und Wurzelansatz entfernen, die Stange längs einschneiden und gründlich waschen. Die weißen Blätter in feine Streifen schneiden. Die Petersilienwurzeln schaben, waschen und ebenfalls würfeln, dann abgedeckt beiseite legen.

Die Hälfte von Zwiebeln und Porree, die Petersilienstengel und 2/3 der Petersilienblätter in der Hälfte des Öls andünsten. Mit 3 Tl Mehl bestäuben und unter Umrühren anschwitzen. Dann jeweils die Hälfte von Brühe und Sahne zufügen, aufkochen und bei milder Hitze 20 Minuten schwach kochen. Danach die Suppe glatt aufpürieren und durch ein Sieb streichen. Nun die übrigen feingehackten Petersilienblättchen zufügen.

Aus den in Öl angedünsteten Petersilienwurzeln zusammen mit dem übrigen Würzgemüse, der Brühe und der Sahne in gleicher Weise eine Suppe zubereiten. Dann aufpürieren, durchs Sieb streichen und abschmecken. Die weiße Suppe zusammen mit der grünen (aus zwei Kännchen) gleichzeitig in die heißen Suppentassen gießen – auf keinen Fall umrühren, denn die beiden Suppen sollen sich nicht vermischen.

Einlage: Für die Eiernocken aus der schaumig gerührten Butter, den Eiern und dem Mehl einen Teig bereiten. Dann würzen, kleine „Nocken" abstechen. In schwach kochendem Salzwasser ca. 4 - 5 Minuten garen, bis die Klößchen aufsteigen. Dann herausnehmen, abtropfen, auf die zwei Suppen verteilen.

Selbstgeräuchertes Lachsforellenfilet mit Kräuter-Schmand

(für 10 Portionen)
1000 g Lachsforellenfilet (oder Regenbogen-forellen), Salz

Zum Räuchern:
1 Schälchen Sägemehl von der Buche

Außerdem:
Wacholderbeeren, etwas Thymian

Kräuter-Schmand:
300 g Schmand (saure Sahne
mit mindestens 24 % Fettgehalt)
ein Spritzer Zitronensaft, Salz
frisch gemahlener weißer Pfeffer
3 El feingehackte Kräuter: Dill, Petersilie,
Schnittlauch und eventuell Estragon

Außerdem:
Pro Portion 2 Tl Essig-Öl Salatsauce

Zum Räuchern den Räucherofen anheizen, das Fischfilet salzen und auf den Rost des Ofens legen. Die Wacholderbeeren und den Thymian in die Fettfangschale geben. Fischfilet und Fettfangschale in den vorgeheizten Räucherofen schieben. Das Sägemehlpfännchen auf die Heizspirale stellen. Das Fischfilet bei 200 Grad C ca. 12 Minuten räuchern. Für die Kräuter-Sauce alle Zutaten verrühren. Zum Servieren einen „Spiegel" Sauce auf die Teller gießen, das lauwarme Fischfilet daraufsetzen.

Beilage: Mit Essig-Öl-Salatsauce beträufelte Salatblätter der Saison, zum Beispiel Feldsalatsträußchen und Kopfsalatblättchen. Dazu passen warmes Stangenweißbrot und Butter.
Wichtig: Richten Sie sich beim Räuchern nach den Herstellerangaben des Räucherofens.

Tip: Bei Verwendung von fertig geräuchertem Fischfilet empfiehlt sich, das Fischfilet vor dem Servieren 10 Minuten bei 50 Grad C im Backofen anzuwärmen.

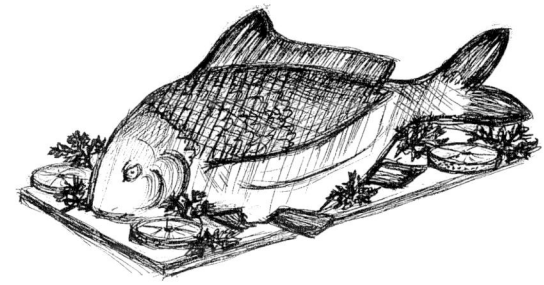

Gefüllte Wachteln

(für 10 Personen)

10 unausgenommene, gerupfte Wachteln
Salz, Pfeffer
4 Schweinenetze (beim Metzger vorbestellen)

Brühe:
siehe Würzgemüse-Zutaten beim Rezept
„Galantine von der Wildente"
2 El Öl, 1 l Wasser, 1/2 l Weißwein
(oder insgesamt 1 1/2 l Wasser)

Füllung:
200 g Geflügelleber
50 g Butter
2 Äpfel (200 g)
150 g entrindetes Weißbrot
12 El flüssige Sahne
2 Tl feingehackte Petersilie
1/2 Tl Majoranblättchen, Salz, Pfeffer

Sauce:
ca. 1 l Wachtelbrühe (oder Geflügelbrühe)
eventuell Rotwein zum Verfeinern
100 g eiskalte Butter in Stückchen
(im TK-Gerät angefroren)

Zuerst – am besten am Vortag – die Wachteln in gleicher Weise wie die Wildenten entbeinen – siehe Rezept „Galantine von der Wildente". Dann die Wachteln abspülen und trockentupfen. Von

Eisenach, „Hotel Auf der Wartburg" ▶

18

innen salzen und pfeffern. – Aus den in Öl angerösteten Karkassen zusammen mit gewürfeltem Suppengemüse und Wasser oder Wein in 1 1/2 Stunden die Geflügelbrühe kochen, dann durch ein Sieb geben. Erkalten lassen und entfetten. Die Brühe später für die Sauce verwenden.

Gleichfalls am Vortag die Füllung vorbereiten: Die Leber in heißer Butter 1 Minute erhitzen, damit sie steif wird. Dann fein würfeln. Die Äpfel schälen, entkernen, waschen und fein würfeln. Ebenfalls in heißer Butter 2 Minuten erhitzen, dann zur Leber geben und würzen. Abkühlen lassen.

Am nächsten Tag das entrindete Brot fein würfeln, die Sahne übergießen, die gehackten Kräuter zufügen und alles zur kalten Apfel-Leber-Mischung geben. Die Schweinenetze in zehn Stücke zerteilen, dann 10 Minuten wässern. Die Wachteln mit der Apfel-Leber-Mischung füllen. Die Öffnung der Vögel zusammendrükken. Dann die Wachteln umdrehen und auf die ausgebreiteten, abgetupften Schweinenetze legen, die Netze zusammenbinden. Die Wachteln in Form drücken und mit der Brust nach oben auf der Fettfangschale im vorgeheizten Ofen bei 180 Grad C ca. 20 Minuten braten. Dann herausnehmen und warm stellen.

Für die Sauce das Fett vom Bratensatz entfernen. Die Geflügelbrühe angießen und den losgekratzten Bratensatz 10 Minuten im offenen Topf stark kochen. Dann durch ein Sieb gießen, mit Wein verfeinern und mit den eiskalten Butterstückchen aufschlagen. Abschmecken und zu den Wachteln reichen.
Beilage: 2 kg gemischte Pilze (für 10 Personen) zubereiten, wie im Rezept „Trockengeschmorte Pilze" beschrieben. Außerdem Sauerkraut-Dätscher dazu servieren.

Sauerkraut-Dätscher (herzhafte Kartoffelküchlein)

(für 10 Personen)
1,7 kg Kartoffeln
1 Zwiebel
150 g thüringische Knackwurst
5 El Semmelbrösel
150 g Sauerkraut
4 Eier
Salz
Öl zum Braten

Die Kartoffeln waschen, schälen und reiben. Leicht ausdrücken. Die geschälte Zwiebel fein würfeln. Die Wurst häuten und ebenfalls fein würfeln. Das Sauerkraut abspülen, leicht ausdrücken und auf einem Brett mit einem großen Messer fein hacken. Alle Zutaten – bis auf das Öl – verrühren. Dann in einer großen Pfanne das Öl erhitzen und die Kartoffelmasse eßlöffelweise hineingeben. Zu kleinen Küchlein zusammenschieben und auf beiden Seiten knusprig braun braten. Auf Küchenpapier entfetten. Im Backofen bis zum Servieren heiß halten.

Kirschenpfanne
mit Weinschaumsauce

(für 10 Portionen)
1 kg Sauerkirschen
(frische Schattenmorellen
oder 2 Gläser à 680 g Einwaage)
90 g Butter, 180 g feiner Zucker
3 Eier, 190 g Mehl
225 g Grieß
1 Päckchen Backpulver
Puderzucker zum Bestreuen

Die gewaschenen Kirschen entstielen und entsteinen, dabei den Saft auffangen. Butter und Zucker schaumig rühren, nacheinander die Eier einrühren. Mehl, Grieß und Backpulver mischen, nach und nach unterrühren. Die abgetropften Kirschen unter den Teig heben, Teig auf ein gefettetes Backblech streichen und im vorgeheizten Ofen bei 160 Grad C etwa 35 Minuten backen. Vor dem Servieren mit Puderzucker bestäuben.

Beilage: Der Koch empfiehlt Vanille-Sauce oder Vanille-Eiscrème. Auch eine lauwarme Weinschaum-Sauce paßt gut. Dazu für 10 Portionen 1/2 l Weiß- oder Apfelwein (eventuell gemischt mit dem abgetropften Kirschsaft), 180 g Zucker, knapp 2 El Speisestärke, 2 El Zitronensaft und die abgeriebene Schale von 1 unbehandelten Zitrone sowie 3 Eigelb und 1 Ei in einem großen Topf kalt verrühren. Dann mit einem Schneebesen auf der Kochstelle bei milder Hitze im schwach kochenden Wasserbad schaumig schlagen, bis die Masse aufsteigt und dicklich wird. Nicht kochen. Eventuell mit 4 El Kirschwasser verfeinern.

DES THÜRINGERS HERZ SCHLÄGT FÜR DIE WURST

Rauch auf dem Weimarer Markt! Vormittag 11 Uhr, das Frühstück ist lange vorbei, der erste kleine Appetit macht sich bemerkbar. Wir stehen vor einer echt thüringischen Rostbräterei. Brutzelig braun liegen die Würstchen über der Glut, der Mann hinter dem Rost dreht und wendet Thüringens berühmteste Spezialität, kaum kann er schnell genug eingreifen, um sie vor dem Verbrennen zu retten. Echt Köstritzer Schwarzbier wird aus einer Sprühflasche über die Würste verteilt, um die Glut zu dämmen. Der erste Bissen – wie immer viel zu heiß – es spritzt, es knackt, knusprig geröstetes Schweinefleisch treibt uns das Wasser im Mund zusammen. Danach ein leichter Kümmelgeschmack.

Was unterscheidet die Thüringer Rostbratwurst von den Bratwürsten im übrigen Deutschland? Peter Lesser, Geschäftsführer der Fleisch- und Wurstwaren GmbH in Schmalkalden: „Die Thüringer Bratwurst lebt!" – Wir lächeln betreten. Das kann man so oder so verstehen. Aber wir lernen, daß jenes so weltberühmte Produkt im Gegensatz zu den Konkurrenzwürsten aus dem übrigen Bundesgebiet nur aus rohem, ungebrühten Schweinefleisch besteht, je nach Region mehr oder weniger grob, mal nach Knoblauch duftend, mal nach Kümmel. Die Thüringer Spezialität muß frisch zubereitet werden, und zwar über der Glut geröstet – also ohne Zugabe von Fett. Wer sich nicht – wie wir – spontan auf der Straße zum Genuß verleiten läßt, wird einen Teller mit Kartoffelbrei und Kümmelkraut dazu bestellen. Doch ist zum Verzehr auf der Straße zu raten, heiß, aus der Hand, zusammen mit Senf und Brötchen. Denn kaum ein Gasthaus wird den Rost so rot-glühend bereithalten, um zwei bis drei Gästen eine perfekt gerö-stete Wurst anzubieten.

In Peter Lessers Welt geht's um die Wurst. Selbst auf seinen aus-gedehnten Wanderungen durch den Thüringer Wald begleitet sie ihn, diesmal ist es die abgehangene, ein wenig harte Thüringer Rotwurst, wie bei der Hausschlachtung mit Kochsalz – statt mit Pökelsalz – bereitet. Daher ihr gräuliches Aussehen (was sich in diesem Fall nur auf die Farbe bezieht)! Sie enthält grob gewür-felte magere Fleischstücke, aber auch Speck, doch keine zähe Schwarte. Weil bei 18 - 22 Grad C „kalt" geräuchert, kann sie ab-hängen wie ein Schinken. Ihre Schwester, die geräucherte, mit Kochsalz und Majoran bereitete, ebenfalls grau aussehende Leberwurst, wird frisch verzehrt. Doch das Wurstparadies Thürin-gen ist damit noch nicht erschöpft. Vergessen wir nicht den in der Schweinsblase geräucherten Preßkopf aus magerem Schweine-fleisch und auch nicht die pikante Sülze (ohne Essig und ohne Zucker wohlgemerkt).

Ein Thüringer fährt meilenweit für eine gute Wurst, Adressen von fachkundigen Metzgern werden wie Geheimtips gehandelt. In Schmalkalden sind wir direkt an der Quelle. Peter Lessers An-weisungen fallen bei uns auf nahrhaften Boden. Noch während wir lernen, daß „Thüringer Mett" hier vor Ort „Gehacktes" heißt, beschließen wir, die Fleischware mit nach Norden zu nehmen.

Unser Gesprächspartner Lesser ist nicht nur ein tüchtiger Ge-schäftsmann, er ist auch ein guter Koch. „Ein Kochbuch über Thüringen?" Da will er mitmachen! Lesen Sie, was bei Peter Les-ser auf den Tisch kommt:

Wochenmarkt in Weimar

(für 4 Personen) **Wickelklöße**
500 g Mehl
30 g frische Hefe
1 Tl Zucker
250 - 300 ml lauwarme Milch
1 Msp. Salz

Füllung:
40 g Semmelbrösel
40 g Butter oder Margarine

Das Mehl in eine große Schüssel geben, in die Mitte eine Vertiefung drücken. Die zerbröckelte Hefe hineingeben, den Zucker zufügen. Hefe zusammen mit etwas Mehl und Milch zu einem Brei anrühren. Mit wenig Mehl bedecken. Dann die Schüssel zugedeckt an einem warmen Ort stehenlassen, bis die angerührte Hefe Blasen bildet und aufgeht. Nun alles zusammen mit der übrigen Milch und dem Salz so lange verkneten, bis ein geschmeidiger, ausrollbarer Teig entsteht. Nochmals zugedeckt am warmen Ort aufgehen lassen.

Die Semmelbrösel in heißem Fett hell anbräunen. Den Teig auf bemehlter Arbeitsfläche ca. 1 - 2 cm dick ausrollen. Die leicht abgekühlten Semmelbrösel darauf verteilen, Belag etwas andrücken. Den Teig aufrollen, Enden fest zusammendrücken. Nun von der Rolle mit einem scharfen Messer vorsichtig (damit sie sich nicht platt drückt) 2 cm dicke Scheiben abschneiden. Die Teigscheiben in Form drücken. Die Wickelklöße ca. 15 Minuten dämpfen. Dazu die Klöße entweder in einen Dämpftopf (mit Einsatz) geben oder ein Tuch über einen Topf mit kochendem Wasser spannen, die Wickelklöße darauf legen. Einen anderen gleich großen Topf darüberstülpen.

Beilage: Sauerkraut dazu reichen.

Tip: Sehr praktisch ist es, die Wickelklöße direkt oben über dem kochenden Sauerkraut gar zu dämpfen.

Variationen: 1. Die Füllung kann auch aus 50 g gemahlenem Mohn bestehen. In diesem Fall den Teig leicht süßen. Klöße zu Pflaumenkompott reichen.

2. Wickelklöße werden auch aus Kartoffelteig zubereitet:

Dazu 750 g gekochte, durchgepreßte Salzkartoffeln mit 100 g Mehl und 50 g Speisestärke sowie 1 Ei, 40 g weicher Butter, Salz und abgeriebener Muskatnuß gut verkneten. Den Teig ausrollen, mit gebräunten Semmelbröseln (s.o.) bedecken und in ca. 10 gleiche Stücke schneiden. Dann 15 Minuten im Wasserdampf garen. Danach abgedeckt noch 5 - 7 Minuten im auf 150 Grad C vorgeheizten Ofen warm stellen, damit sie vollkommen durchgegart sind.

Beilage: Dazu gekochte Rinderbrust reichen.

Gekochte Rinderbrust

(für 4 Personen)
1 1/2 kg Rinderbrust, 1 1/4 l Wasser
1 Zwiebel, 1 Möhre, 1 Petersilienwurzel
Salz, etwas frisch gemahlener Pfeffer

Sauce:
60 g Butter oder Margarine
60 g Mehl, ca. 3/4 l heiße Brühe
Salz, Pfeffer
ca. 4 El feingehackte Petersilie
etwas Zitronensaft

Das Fleisch abspülen. Das Wasser aufkochen, dann das geputzte kleingeschnittene Würzgemüse sowie Salz und Pfeffer hineingeben. Das Fleisch zufügen, aufkochen und die Brühe abschäumen. Nun die Temperatur herunterschalten, so daß die Brühe unter dem Kochpunkt bleibt. Das Fleisch im offenen Topf ca. 2 Stunden gar ziehen lassen. Danach herausnehmen, die Brühe durch ein Sieb gießen und so weit wie möglich entfetten.

Nun aus Fett, Mehl und heißer Brühe eine Schwitze bereiten, mit Salz und Pfeffer würzen. Die Sauce 10 Minuten kochen, damit das Mehl gar wird. Inzwischen das Fleisch entbeinen und in Scheiben schneiden, dabei das Fett abschneiden. Die Sauce mit Petersilie und Zitronensaft abschmecken. Die Fleischscheiben auf einer heißen Platte anrichten. Die Sauce dazugeben.
Beilage: Wickelklöße oder frisch durch die Presse gedrückte Kartoffeln.

Tip: Die Sauce mit saurer Sahne verfeinern.

Sauerbraten

(für 4 Personen)

Marinade:

375 ml (3/8 l) Wasser
250 ml (1/4 l) Essig
2 Zwiebeln, 2 Möhren
1 Stück Sellerieknolle, 6 Pfefferkörner

Außerdem:

1,2 kg (ohne Knochen)
Rindfleisch aus der Keule
40 g Schmalz zum Braten
1/4 l Wasser
Speisestärke oder
Mehl zum Binden der Sauce
150 g eingelegte Silberzwiebeln

Die Flüssigkeit zusammen mit dem geputzten und kleingeschnittenen Würzgemüse und dem Pfeffer aufkochen, danach abkühlen lassen. Das abgespülte Fleisch mindestens 3 Tage mit der Marinade bedeckt kalt stellen (Fleisch am besten zusammen mit der Marinade in einen Gefrierbeutel geben, dicht verschließen. Täglich den Beutel umdrehen, damit das Fleisch rundherum von Marinade bedeckt ist).

Danach das Fleisch herausnehmen und abtupfen. In einem Schmortopf das Schmalz erhitzen und das Fleisch darin von allen Seiten braun anbraten. Nun mit Wasser ablöschen und ca. 2 Stunden zugedeckt auf geringer Hitze schmoren. Nach und nach etwas von der Marinade und das Würzgemüse aus der Marinade zum Schmorfleisch geben. Das gegarte Fleisch nun aus dem Fond

Blick auf Schmalkalden

nehmen, warm stellen. Die Sauce mit etwas kalt angerührter Speisestärke binden. Die Silberzwiebeln in der Sauce aufkochen. Inzwischen das Fleisch in Scheiben schneiden, ein wenig Sauce darüberschöpfen. Restliche Sauce dazu servieren. Als Beilage passen Rotkohl mit Äpfeln (siehe Rezept Rotkohl mit Preiselbeeren) und Thüringer Kartoffelklöße.

Thüringer Rostbrätel

(für 4 Personen)
4 Scheiben Schweinenacken
(Kammfleisch)
Senf, Salz, Pfeffer
400 g Zwiebeln
200 ml Köstritzer Schwarzbier
ca. 40 g Schmalz
oder Margarine zum Braten

Die Fleischscheiben mit Senf bestreichen und würzen. Die geschälten Zwiebeln in Ringe schneiden. Nun Zwiebeln und Fleisch abwechselnd in ein Gefäß schichten. Zwischendurch Bier überträufeln. Das Fleisch mit Zwiebeln bedecken. Dann alles zugedeckt mindestens 8 Stunden im Kühlschrank durchziehen lassen. Zwei Stunden vor dem Grillen das Fleisch aus dem Kühlschrank nehmen, damit es Zimmertemperatur annimmt.
Das abgetupfte Fleisch nun von jeder Seite auf dem heißen Grill ohne Fettzugabe rösten. Den Zwiebelsud inzwischen in heißem Fett in einer Pfanne braun schmoren. Vor dem Servieren über das Fleisch verteilen.
Beilage: Bratkartoffeln

Schweinekeule in Schwarzbiersauce

(für 6 Personen)
ca. 2 kg Schweinebraten mit
eingeritzter Schwarte
2 Sträußchen frischer Dill
1 Sträußchen Petersilie
ca. 1/2 l Köstritzer Schwarzbier
je 150 g Sellerieknolle
Möhren und Zwiebeln
Pfeffer, Salz

Das abgespülte Fleisch zusammen mit gehackten Kräutern und Bier in einem dicht verschlossenen Folienbeutel über Nacht kalt legen. Danach das Fleisch mit der Schwarte nach oben im offenen Bräter bei 200 Grad C im Ofen ca. 1 1/2 Stunden braten, zwischendurch immer wieder mit der Biermarinade begießen.

Das geputzte und kleingeschnittene Würzgemüse zugeben, alles noch ca. 50 Minuten weiterbraten. Danach das Fleisch im ausgeschalteten Ofen 10 Minuten stehenlassen. In Scheiben schneiden, den Bratfond darüberschöpfen, das Würzgemüse um das Fleisch herumlegen.

Beilage: Knusprig geröstete Kartoffelwürfel. Salat aus feingehobeltem Weißkohl – mit Kümmel, Essig und Salz gewürzt – paßt gut dazu.

Schichtkraut

(für 4 Personen)

1 Wirsingkohl (1,2 kg)
1 Brötchen
500 g gehacktes Schweinefleisch
1 Ei, Salz, Pfeffer
1 Tl Kümmel, 1 kleine Zwiebel
100 g durchwachsener Speck
1 /4 l Fleischbrühe
4 El dicke saure Sahne (ca. 24 % Fett)
2 El Semmelbrösel

Vom Wirsing die äußeren Blätter und den Strunk entfernen. Den ganzen Kohlkopf in reichlich kochendem Salzwasser 5 Minuten zugedeckt kochen. Dann herausnehmen, die großen äußeren Blätter ablösen. Die dicken Blattrippen flach schneiden, die Blätter beiseite legen. Den restlichen Kohl in sehr feine Streifen schneiden.

Das Brötchen in kaltem Wasser 10 Minuten einweichen, danach ausdrücken. Zusammen mit Fleisch, Ei, Salz, Pfeffer, Kümmel und feingehackter Zwiebel verkneten.

Den Speck würfeln und in einer Pfanne ausbraten. Den gehobelten Kohl zufügen und unter dauerndem Umwenden im Speckfett hell anbraten. Nun einen flachen Bräter (oder feuerfeste Form) leicht fetten, einige große Kohlblätter hineinlegen, dann die Hälfte des gebratenen Kohls darüber verteilen. Nun den Fleischteig darauf drücken. Den restlichen Bratkohl darüber verteilen. Alles mit einigen großen Kohlblättern abdecken. Die heiße Brühe darüberschöpfen. Den Schichtkohl bei 180 Grad C ca. 45 Minuten im Ofen garen. Dann mit saurer Sahne beträufeln. Mit Semmelbröseln bestreut noch ca. 30 Minuten überbacken.

Rotwickel (Rotkohlrouladen mit Wildfleisch)

(für 4 Personen)
1 kleiner Kopf Rotkohl (1 kg)
Essig, Salz
Pfeffer
Gewürznelke
1 Brötchen
250 g Pfifferlinge
(oder andere Pilze)
1 Zwiebel
1 El Butter
250 g durchgedrehtes Wild
z.B. Wildschweinfleisch
1 Ei
Schmalz zum Braten
1/4 l Fleischbrühe
1 Gewürznelke
1 Stück Würfelzucker
1 Tl Speisestärke zum Binden der Sauce

Den Strunk des Kohls mit einem spitzen Messer kegelförmig herauslösen, die äußeren unansehnlichen Blätter entfernen. Einen großen Topf mit Essig-Salz-Wasser, Nelke und Pfeffer zum Kochen bringen. Den ganzen Kohl aufrecht hineinsetzen und zugedeckt ca. 20 Minuten sprudelnd kochen. Zwischendurch herausnehmen und etwa 8 Blätter nach und nach ablösen. Die Rippen flach schneiden.

Wichtig: Die Rotkohlblätter müssen vor dem Füllen bereits halbgar sein, damit sie sich gut aufrollen lassen und nicht brechen. (Den restlichen Rotkohl anderweitig verwenden).

Das Brötchen in kaltem Wasser einweichen. Die geputzten, klein-geschnittenen Pilze zusammen mit einer geschälten und gehack-ten Zwiebel in heißer Butter in einer Pfanne 10 Minuten braten. Danach fein hacken.

Das Fleisch zusammen mit dem ausgedrückten Brötchen, Ei, Pfeffer, Salz und den abgekühlten Pilzen gut verkneten, vierteilen. Jeweils zwei Rotkohlblätter zusammenlegen, mit einer Portion Farce füllen. Die Blätter aufrollen und mit Garn oder Rouladenklammern zu einer Roulade zusammenschnüren.

In einem flachen Bräter die Rotkohlrouladen nebeneinander ins heiße Schmalz setzen, rundherum anbraten. Die Fleischbrühe zugießen, Gewürznelke und Würfelzucker zufügen. Dann die Kohlrouladen zugedeckt im vorgeheizten Ofen bei 180 Grad C 60 Minuten garen. Danach auf eine heiße Platte geben. Die Brühe mit in kaltem Wasser angerührter Speisestärke binden, aufkochen und säuerlich pikant abschmecken.

Tip: Die Sauce mit Rotwein verfeinern.

Thüringer Rostbratwürste

pro Person 1 - 2
Thüringer Rostbratwürste
etwas Schwarzbier zum Bespritzen

Die Würste ohne Fettzugabe über glühender Holzkohle rundher-um braun rösten, zwischendurch eventuell mit etwas Bier bespritzen. Sofort nach dem Braten zusammen mit einem knusprig frischen Brötchen aus der Hand essen.

Grüner Kuchen (Petersilienkuchen)

Teig:

(für 4 Personen)

200 g Mehl, 20 g Hefe, 1 Prise Zucker
125 ml lauwarme Milch (oder halb Wasser)
Salz

Belag:

2 Eier, 150 ml saure Sahne
Salz, 150 g gekochter Schinken
(oder 80 g ausgebratene, entfettete Speckwürfel)
3 El frischgehackte, glatte Petersilie

Das Mehl in eine Schüssel häufen, in der Mitte eine Vertiefung eindrücken. Die zerbröckelte Hefe, Zucker und etwas Milch hineingeben und leicht verrühren. Mit etwas Mehl bedecken und an einem warmen Ort, zugedeckt stehenlassen, bis die Hefe Blasen bildet. Dann die übrige Milch und das Salz kräftig unterkneten. Den Teig um das Doppelte aufgehen lassen. Danach noch einmal durchkneten und in eine gefettete Springform drücken.

Für den Belag die Eier zusammen mit der Sahne und dem Salz verquirlen. Den Backofen auf 200 Grad C heizen. Den Schinken würfeln. Zusammen mit der Petersilie auf dem Hefeteig verteilen. Die Hälfte des Sahnegusses darübergießen. Das Gebäck in den Ofen auf die zweite Schiene von unten stellen und 10 Minuten backen. Dann den restlichen Guß darübergeben und nochmals backen, bis der Guß gestockt ist (ca. 7 Minuten). Warm zu Köstritzer Schwarzbier oder zu Thüringer Wein genießen.

Grüner Kuchen

EIN „PATRIZIER" KOCHT

„Fünf Minuten bevor Du geboren bist, habe ich noch Hühnersuppe ausgegeben" – so berichtet seine Mutter. Er, Lothar Beck, ist seit 1995 Chef des Feinschmecker-Restaurants „Patrizier" in Schmalkalden. Für seine Mutter, die tüchtige Köchin aus Niederschlesien, war es damals klar, daß dieser Junge einst Koch werden muß. Und fragt man heute den beinahe in der Restaurantküche Geborenen, was sein wirkliches Hobby ist, dann kommt die Antwort prompt: „Kochen"! Wer könnte bessere Voraussetzungen für seinen Beruf mitbringen? So steht Beck immer mit Hingabe am Herd, lehrt bei den Nachwuchskräften, reist mit seinem Küchenteam – „mit unserer großen Familie", wie er seine Mitarbeiter nennt – zu den bekannten Koch-Kollegen: zum Schnuppern, zum Lernen und um den Jungen zu zeigen, was große Küche ist.

Ob es Mutters Vorbild war, daß seine besondere Spezialität die Suppen sind und auch die feinen Saucen? „Voraussetzung ist immer ein kräftiger Fond. Aus Hühnern, Kalb, Lamm oder Wild, zusammen mit Wein und Würzgemüse werden in meiner Küche literweise Fonds bereitet, ebenso aus den Karkassen von Fisch." Sein Tip: „Den fertigen Fond in kleine Portionsbecher füllen und als Vorrat einfrieren." So hat man immer eine gute Basis für Suppen und Saucen.

Becks großes Anliegen ist die leichte Küche. Speck, Schmalz und fettes Fleisch hat er der einst schweren Thüringer Küche weitgehend genommen. So bleibt eine Brühe bis zum nächsten Tag im Kühlraum stehen, damit das abgesetzte Fett entfernt werden kann. Geröstete Semmelbröckchen für den Thüringer Kloß kommen zum Abtropfen auf saugfähiges Küchenpapier. Fettarm kochen kann nur, wer frische, reife Zutaten verwendet, die aromatisch und würzig sind, noch ganz ihren eigenen Geschmack entfalten. Gemüse wird „auf Biß" gegart, damit es seine Konsistenz bewahrt. Seit in den siebziger Jahren die neue Küche aus Frankreich kam, die „Nouvelle Cuisine", steht für Lothar Beck eines fest: Die beste Küche ist, wo Speisen so schmecken, wie die Natur es vorgibt. „Nichts verfremden, nichts überwürzen. Ein paar frische Kräuter unterstreichen den Eigengeschmack, auch etwas Wein hebt ihn hervor. Kohlarten vertragen einen Hauch von Kümmel, das paßt gut und trägt zur besseren Verdaulichkeit bei. Muskat verfeinert Kartoffelgerichte. Ab und zu eine eßbare Blüte zur Dekoration, das macht auch den Augen Freude." – So ist die Küche im Beckschen Restaurant natürlich, frisch und leicht. Gemüse und Obst gibt es dann, wenn es reif ist. Pilze und Wild bestimmen die Herbstküche, Kartoffeln, frisches Sauerkraut aus dem Faß, junger Rot- oder Wirsingkohl sind im Winter dran.

Thüringisches gibt es in seiner „Thüringer Stube", Gourmet-Gerichte reicht man im „Feinschmecker-Restaurant". Wer sich nach ausgiebigen Tafelfreuden nicht mehr auf den Heimweg traut, der findet im Hotel „Patrizier" ein gemütliches Bett, um sich zur Ruhe zu legen.

Lothar Becks Empfehlungen für unser Buch sind fast immer aus thüringischen Zutaten gekocht. Er lobt die einheimische Qualität von Fleisch und Würsten. Trotzdem gibt es bei ihm auch frische Seefische. „Die Thüringer genießen es, daß jetzt auch solche Dinge zur Verfügung stehen."

Chefkoch Lothar Beck verwöhnt seine Gäste im Gourmet-Restaurant „Patrizier" in Schmalkalden.

(für 4 Personen) **Pilz-Rahmsuppe**

250 g frische Pilze (Steinpilze, Stockschwämm-
chen, Shiitake, Egerlinge bzw. Champignons
oder Austernpilze)
2 Schalotten, 40 g Butter
600 ml Hühnerbrühe
30 g Mehlbutter (siehe unten), Salz, Pfeffer
2 Eigelb, 80 ml Crème fraîche
1 El feingehackte krause Petersilie
1 El trockener Weißwein

Mehlbutter für den Vorrat:
150 g weiche Butter, Mehl

Die Pilze trocken säubern und blättrig schneiden. Die geschälten
Schalotten würfeln und in Butter hell andünsten. Die Pilze zufügen und bei starker Hitze unter dauerndem Umwenden anbraten.

Für die Mehlbutter die weiche Butter mit soviel Mehl verkneten, wie die Butter aufnimmt. Dann in ein zugedecktes Gefäß geben und im Kühlschrank für den jeweiligen Gebrauch aufheben.

Die Hühnerbrühe zusammen mit der abgemessenen Menge
Mehlbutter zum Kochen bringen, mit dem Schneebesen durchrühren. Die Pilze zufügen und bei geringer Hitze 45 Minuten
zugedeckt garen. Ca. 2 El schöne große Pilzscheiben herausnehmen. Die übrige Suppe pürieren. Eigelb und Creme fraîche verrühren, in die nicht mehr kochende Suppe geben. Nochmals
aufpürieren. Danach die ganzen Pilzscheiben zufügen. Mit Petersilie und Weißwein verfeinern, nochmals abschmecken. In vorgewärmte Suppentassen geben.

Ferkelfilet in Schwarzbiersauce

(für 4 Personen)
2 Schweinefilets, ca. 750 g

Fond:
2 Zwiebeln
30 g Butterschmalz zum Braten
1 Lorbeerblatt, einige Pimentkörner
1/4 Tl Kümmel, einige schwarze Pfefferkörner
250 ml Köstritzer Schwarzbier, 250 ml Brühe
1/2 Tl Kartoffelmehl zum Binden
40 g Butterschmalz zum Braten der Filets
Salz, Pfeffer

Die Filets häuten, von Fett und Sehnen befreien (das Fleisch parieren). Nun zuerst den Fond bereiten: Die abgeschnittenen Stücke zusammen mit den geschälten, gewürfelten Zwiebeln im heißen Fett braun anbraten. Die Gewürzzutaten zufügen, alles mit Bier ablöschen. Dann die Hitze reduzieren und den Fond ca. 1 Stunde schwach kochen, zwischendurch mit Brühe auffüllen. Danach den Fond durch ein Sieb geben, aufkochen und etwas im offenen Topf einkochen lassen (reduzieren). Dann mit in kaltem Wasser angerührten Kartoffelmehl leicht binden. Die Sauce abschmecken und warm stellen.

Die Ferkelfilets in etwa 2 cm dicke Medaillons schneiden und leicht klopfen. Im heißen Butterschmalz auf beiden Seiten 2 - 3 Minuten braten, danach salzen und pfeffern. Das Bratfett entfernen, eventuell den Bratensatz mit der fertigen Sauce loskochen. Die Ferkelfilets zusammen mit der Sauce servieren.
Beilage: Kartoffelkloß und Kümmelkraut

Hasenrückenfilet in Mandeln auf Johannisbeersauce

(für 4 Personen)

2 Hasenrücken (mit Knochen)

Fond:

2 Zwiebeln
30 g Butterschmalz
2 Lorbeerblätter
3 Wacholderbeeren
einige Pimentkörner
einige Pfefferkörner
350 ml Rotwein
250 ml Brühe, Salz
1/2 Tl Kartoffelmehl zum Binden
1 1/2 Schnapsgläschen Johannisbeerlikör (3 cl)

Außerdem:

2 El Mehl
1 verquirltes Ei
1 Päckchen Mandelblättchen
ca. 50 g Butterschmalz zum Braten

Häute und Sehnen von den Hasenrücken lösen. Danach das Fleisch mit einem spitzen scharfen Messer von den Knochen entfernen, die innen liegenden Filets ebenfalls lösen.

Die Knochen mit einem Küchenbeil in einige Stücke zerhacken, dann zusammen mit Häuten und Sehnen sowie den geschälten, gewürfelten Zwiebeln in heißem Butterschmalz kräftig anbraten. Die Gewürzzutaten zufügen, Rotwein und Brühe auffüllen, alles ca. 1 Stunde kochen. Danach durch ein Sieb geben und den

Fond im offenen Topf einkochen lassen. Dann mit dem in kaltem Wasser angerührten Kartoffelmehl binden und abschmekken.

Mehl, Ei und Mandelblättchen jeweils auf einen Suppenteller geben. Nun das abgetupfte Rückenfleisch in drei Stücke schneiden, die kleinen Filets ganz lassen. Dann die Stücke rundum in Mehl wälzen, überschüssiges Mehl abklopfen. Danach in Ei wenden, anschließend das Fleisch fest auf die Mandeln drücken und rundum damit bedecken. Die Mandeln gut anklopfen. In einer großen Pfanne das Butterschmalz erhitzen. Das Fleisch darin auf allen Seiten kurz und kräftig braten, dann herausnehmen. Fett abtropfen lassen.

Den heißen Fond mit Johannisbeerlikör verfeinern. Jeweils einen „Spiegel" Sauce auf heiße Teller schöpfen, das Fleisch portionsweise darauf setzen.

Wichtig: Feinschmecker lieben das Hasenfilet rosa gebraten. Aus hygienischen Gründen sollte es jedoch sicherheitshalber auf mindestens 80 Grad C erhitzt sein – also knapp durchgebraten serviert werden.
Beilage: hausgemachte Nudeln und Feldsalat

Tip: Einige frische Johannisbeeren als Dekoration zum Fleisch legen. Etwas Johannisbeergelee dazu reichen.

Kümmelkraut

(für 4 Personen)

800 g frisches Sauerkraut aus dem Faß
2 Zwiebeln, 2 El Gänseschmalz
350 ml Weißwein, 1 Tl Kümmel
4 - 5 Wacholderbeeren
1 Lorbeerblatt, 1 große Kartoffel
1/2 Tl Zucker

Das Sauerkraut locker auseinanderzupfen. Die Zwiebeln schälen und würfeln. Gänseschmalz erhitzen, Zwiebeln und Sauerkraut darin hell anschmoren. Nun den Wein zugießen. Die Gewürzzutaten zufügen. Das Sauerkraut zugedeckt 40- 50 Minuten schwach kochen lassen.

Die gewaschene Kartoffel schälen und fein reiben, sofort unter das Sauerkraut rühren. Das Kraut mit Zucker abschmecken.
Variation: Das Sauerkraut mit etwas gewürfeltem, magerem Speck anschmoren.

Für Hungrige: Kümmelkraut und Kartoffelklöße satt

Lauwarmer Wirsingsalat

(für 4 Personen)
1 Kopf junger Wirsing, (ca. 1,2 kg)
50 g geräucherter, durchwachsener Speck
1 mittelgroße Zwiebel
Salz, Pfeffer
1 - 2 El Balsamicoessig
2 El Sonnenblumenöl

Den Kohl halbieren, den Strunk herausschneiden. Alle äußeren Kohlblätter entfernen, so daß nur die hellen, zarten Blätter übrig bleiben. Die Blätter waschen und in Streifen schneiden. Den Speck und die geschälte Zwiebel sehr fein würfeln.

Den Kohl in wenig Wasser in einem großen Topf 5 Minuten dünsten, zwischendurch umrühren. Dann sofort aus dem Topf nehmen und abtropfen lassen. In eine heiße Schüssel geben. Speck und Zwiebeln in einer Pfanne knusprig braun braten, dann in ein mit Küchenpapier ausgelegtes Sieb geben. Nach dem Entfetten über den Kohl verteilen. Alles mit Gewürzzutaten und Öl würzen, umrühren und lauwarm servieren.

Beilage: Räucherlachs, in Scheiben oder Streifen geschnitten.

Steinpilze in Rahm

(für 4 Personen)
ca. 800 g frische Steinpilze
1/4 l Sahne
einige Majoranblättchen
Salz, Pfeffer
100 ml Kalbs- oder Hühnerbrühe
den Saft von 1/2 Zitrone
1/2 Bund Schnittlauch

Die Steinpilze mit einem trockenen Pinsel säubern. Dabei eventuell den Stielansatz ein wenig zurückschneiden, dann die Hüte in ca. 1/2 cm dicke Scheiben schneiden, die Stiele nicht zu fein würfeln.

Die Sahne zusammen mit Majoran, Salz und Pfeffer aufkochen. Die Pilze zugeben und 10 Minuten schwach kochen. Nun die Brühe aufgießen, mit Zitronensaft abschmecken. Dann in heiße Suppenteller verteilen, mit Schnittlauch bestreut servieren.
Beilage: Kleine Thüringer Kartoffelklöße oder Semmelklöße

Variation: Die Pilze zu Beginn zusammen mit feingewürfelter Schalotte in 20 g heißer Butter anbraten.

Warmer Apfelsalat mit Mandeln und Rosinen

(für 4 Personen)
20 g gehackte Mandeln, 30 g Zucker
4 festkochende Äpfel
z.B. Glockenapfel oder Elstar
etwas Zitronensaft, 20 g Butter, 4 Tl Rosinen
1/2 Tl gemahlener Zimt
2 - 4 Tl Amaretto Mandellikör

Die Mandeln zusammen mit dem Zucker in einer Pfanne 3 - 4 Minuten anrösten, dabei umrühren. Dann herausnehmen.

Die Äpfel waschen und eventuell schälen, entkernen und in dünne Scheiben schneiden. Sofort mit Zitronensaft beträufeln, damit sie nicht braun werden. Butter in der Pfanne erhitzen, die Apfelschnitze zusammen mit den heiß überbrühten Rosinen bei mittlerer Hitze etwa 2 Minuten unter Umwenden darin anschmoren, damit sie lauwarm, aber nicht gar werden. Die gerösteten Mandeln, Zimt und Amaretto zufügen. Alles vorsichtig vermischen und auf Portionsschalen verteilen.
Beilage: Vanille-Eis und geschlagene Sahne

Variation: Man kann das etwas angetaute Eis zusammen mit der Sahne zu einer Vanille-Schaumsauce verrühren. Sofort zu den lauwarmen Äpfeln servieren.

Warmer Apfelsalat mit Mandeln und Rosinen

Fischpfanne auf Art von Lothar Beck

(für 4 Personen)
300 g Rotbarschfilet
300 g Lachsfilet
300 g Seelachsfilet
(oder anderes festes Fischfilet)
100 g Kräuterbutter (evt. fertiggekauft)
2 Schalotten, 300 g Tomaten
ca. 125 g frische Champignons
(oder Austernpilze)
50 g frische (gekochte) Nordseekrabben
1/2 zerdrückte Knoblauchzehe
Salz, Pfeffer, Paprikapulver edelsüß
Schnittlauch, frischer Dill, frischer Kerbel
70 g geriebener Parmesankäse
1 Tl Zitronensaft

Die Fischfilets trockentupfen und in große Würfel schneiden. Eine feuerfeste Form mit Kräuterbutter ausfetten. Die geschälten Schalotten sehr fein würfeln. Die Tomaten mit kochendem Wasser überbrühen und häuten, dann entkernen und würfeln. Die Pilze trocken säubern und blättrig schneiden. Die Schalotten in 50 g Kräuterbutter andünsten. Dann die Fischwürfel, Pilze und Tomaten in die Form geben. Die Krabben darüber verteilen, mit den Schalotten, den Gewürzzutaten und den gehackten Kräutern würzen. Mit Käse bestreuen. Die restliche Kräuterbutter in kleinen Flöckchen darüber verteilen, die Fischpfanne auf der mittleren Schiene im vorgeheizten Backofen bei 180 Grad C ca. 20 Minuten backen. Vor dem Servieren mit etwas Zitronensaft beträufeln.

"Sie können gerne sagen, daß ich ein schlechter Regisseur bin. Die Behauptung aber, daß ich ein schlechter Koch bin, würde ich Ihnen übelnehmen!" – So Albert R. Pasch, fünfundzwanzig Jahre lang Schauspieldirektor des berühmten Meininger Theaters. Ein Feinschmecker und guter Koch ist er schon viel länger; das Talent dafür hat er von seinem Vater geerbt. "Mein Vater war Kabarettist und reiste viel. Manchmal fuhr er nur eines guten Weines wegen in einem bestimmten Speisewagen hin und her." Regisseur Pasch ist bei seinem Ensemble beliebt – schon wegen der großartigen Suppen, die er oft zu Theaterfeiern mitbringt. Als wir im Alt-Meininger Restaurant "Zum Goldenen Zwinger" mit ihm unter dem Wandmedaillon des beleibten Komponisten und früheren Leiters der Meininger Hofkapelle (1911–1914) Max Reger sitzen, erzählt er, wie er seine Braten mit Gewürzmischungen "impft" (Frau Pasch ist Krankenschwester und besorgt die Spritzen.), aber er berichtet auch vom traditionsreichen Theater Thüringens.

Bereits 1831 wurde das Meininger Hoftheater gegründet. Zur Blüte kam es dann durch Herzog Georg II. von Sachsen-Meiningen (1826–1914), der während seiner Regentschaft 1866 selbst die Leitung übernahm. Schiller, Kleist, Molière, Grillparzer, Ibsen und vor allem Shakespeare kamen nun auf den Spielplan. Bei der Inszenierungsarbeit legte der Herzog Wert auf eine realistische, historisch getreue Ausstattung. Er selbst schuf Entwürfe für Dekorationen und Kostüme, zum Teil sind sie noch heute im Original erhalten und sollen restauriert werden. Zwischen 1874

„DIE MEININGER" UND IHRE „HÜTS"

und 1890 reisten „Die Meininger" durch ganz Europa, mit 2887 Aufführungen in 37 Städte. Auf den Meininger Brettern begann die Karriere vieler junger Schaupieler, die später an großen Bühnen zu Berühmtheit kamen, wie zum Beispiel Adele Sandrock und Albert Bassermann. Pasch hält nicht allzuviel vom heutigen Experimentiertheater. Er gesteht: „Ich mache konventionelles Theater. Weil das Meininger Haus das Experiment nicht übertreibt, hat es einen so großen Zulauf."

Im Gasthaus „Zum Goldenen Zwinger" werden uns inzwischen „Dätscher Steak" und „Grabfelder Schweinebraten" serviert. Gebratene „Hüts" (Klöße) natürlich auch, von deren Schöpfung durch Frau Holle wir jetzt erfahren. Rudolf Baumbach, der Dichter des bekannten Liedes „Hoch auf dem gelben Wagen", hat auch die Thüringer Klöße anschaulich besungen. Wir können nicht umhin, ihn hier zu zitieren. So soll Frau Holle dem Bürgermeister von Meiningen zugerufen haben:

„Noch habt ihr leider nicht entdeckt,
was hinter der Kartoffel steckt,
und was die kund'ge Hand für Werke
kann schaffen aus Kartoffelstärke."

Sie machte sich ans Kochen, der Bürgermeister betrat die Küche:

„Am Herde fand er stehn Frau Holle,
und der geschwärzten Kasserolle
entstieg soeben, riesengroß,
ein dampfender Kartoffelkloß."

Wie es zu dem Namen „Hüts" gekommen? Noch einmal läßt Rudolf Baumbach Frau Holle zum Bürgermeister sprechen:

Das Theater in Meiningen ▶

„... Nun hab' ich euch gelehrt,
wie man die Frucht, die ich beschert,
den Apfel aus der Erde Schoße,
gestaltet zum Kartoffelkloße.
Wie man das Mark zerquetscht geschickt
und wie man's rundet, wie man's spickt
mit Bröcklein zart gebräunter Wecken.
Langt fröhlich zu, und laßt's euch schmecken!
Du aber, Haupt des Magistrates,
du leuchtend Licht des weißen Rates,
du Sohn uralten Stadtgeblütes,
hier hast du das Receptum – hüt' es!"

Albert R. Pasch und der Wirt vom „Goldenen Zwinger" Manfred Heptner sind ein erprobtes Gespann, nicht nur beim Geschichten erzählen. An Wochenenden, wenn das Gasthaus geschlossen bleibt, kochen und essen sie oft zusammen. Heptner, der gebürtige Römhilder, hat sich ganz der Thüringer Küche verschrieben: „Mir gefallen die alten Rezepte, und es gefällt mir auch, Neues daraus zu machen." Wie groß müssen/dürfen Thüringer Klöße sein – wollen wir wissen. Heptner hat wieder eine Geschichte. Als ein neuer Wessi-Gastwirt es auf die feine Art in Thüringen mit kleinen Klößen versuchte, soll ein Meininger Gast gerufen haben: „He, Chef, eigentlich wollt' ich Hüts essen, net Billard spielen!"
Wer echt thüringische Gastlichkeit erleben will, sollte in den „Goldenen Zwinger" schauen und die deftige Küche der Heptners probieren. Und vielleicht wird er auch Albert R. Pasch dort treffen. Wenn nicht? Dann erleben Sie seine Aufführungen im Meininger Theater! Hier sind die besten Rezepte der beiden Gourmets.

Gespritzte Wildkeule

(für 6 Personen)

1 Hirsch- oder Damwildkeule (ca. 2,3 kg)

ca. 2 Tl Lebkuchengewürz

100 g geklärte Butter oder Butterschmalz

Salz

100 g Butterschmalz zum Anbraten

2 Zwiebeln

2 Möhren

1 Stück Knollensellerie

ca. 500 ml Brühe zum Angießen

2 Tl Speisestärke

200 ml saure Sahne

Die abgespülte Hirschkeule trockentupfen. Rundherum etwas Lebkuchengewürz einmassieren, das Fleisch einige Stunden (über Nacht) zugedeckt kalt stellen.

Vor dem Braten das Butterschmalz bei geringer Hitze schmelzen. Dann mit einer Spritze mit grober Kanüle (Apotheke) das Fett aufziehen. An verschiedenen Stellen das Butterschmalz ins Wildfleisch spritzen. Danach die Keule salzen.

In einem großen Bräter das Butterschmalz erhitzen, das Fleisch bei mittlerer Hitze (damit das Fett nicht verbrennt) auf allen Seiten anbraten. In den auf 220 Grad C vorgeheizten Backofen stellen und 20 Minuten im offenen Bräter braten.

Inzwischen das Würzgemüse putzen, waschen und zerkleinern. Zusammen mit der Hälfte der heißen Brühe zum Fleisch geben. Die Ofentemperatur auf 100 Grad C herunterschalten. Die Keule nun 2 1/2 Stunden im geschlossenen Bräter sanft fertiggaren. Eventuell zwischendurch Brühe zugießen. Wenn der Braten gar ist, den Ofen ausschalten. Das Fleisch mit Alufolie bedecken und noch 10 Minuten ruhenlassen.

Inzwischen den Bratenfond mit Brühe aufgießen und 10 Minuten kochen, dann durch ein Spitzsieb geben, um das Würzgemüse gut auszupressen. Aufkochen und mit in kaltem Wasser angerührter Speisestärke binden. Mit saurer Sahne verfeinern, nochmals abschmecken.

Beilage: Dazu Rotkohl und Klöße oder Serviettenkloß reichen. Sehr gut schmecken dazu in Butter gebratene Apfelschnitze.

Wichtig: Wenn das Wild gefroren ist, muß es vor dem Braten ganz aufgetaut sein. Dazu das Fleisch am besten mehrere Stunden in einen großen Folienbeutel mit Buttermilch legen. Danach wie oben angegeben weiterbehandeln.

Schweinekamm mit Pflaumen

(für 6 - 8 Personen)
500 g entsteinte Backpflaumen
schwarzer Tee oder Wein zum Einweichen
1 Schweinekamm 2,5 kg
Zimt, Pfeffer
1 Gewürznelke
2 Sternanis, Salz
Worcestersauce
3 Zwiebeln, 500 ml Brühe
Speisestärke zum Binden der Sauce

Die gewaschenen Pflaumen in Tee oder Wein mehrere Stunden einweichen. Das Fleisch vom Metzger entbeinen und eine Tasche zum Füllen einschneiden lassen. Das Fleisch von innen kräftig mit den Zutaten würzen. Dann so viele Pflaumen einfüllen wie möglich. Nun die Tasche verschließen und das Fleisch in Form binden.

Worcestersauce in einer Spritze mit großer Kanüle aufziehen. An verschiedenen Stellen damit ins Muskelfleisch spritzen. Den Braten im offenen Bräter bei 175 Grad C ca. 2 1/2 Stunden braten. Zwischendurch wenden, die geschälten und geviertelten Zwiebeln zufügen und mit Brühe begießen. Die restlichen Pflaumen 30 Minuten mitschmoren. Das Fleisch vor dem Anschneiden 10 Minuten im ausgeschalteten Ofen ruhenlassen.

Inzwischen den Fond aufkochen und mit etwas kalt angerührter Speisestärke binden. Eventuell mit dem Stabmixer die Zwiebeln und Pflaumen in der Sauce aufpürieren.
Beilage: Dazu Rotkohl, Sauerkraut oder nur Kartoffelklöße reichen. Sehr gut schmeckt auch stattdessen ein Selleriesalat dazu.

Rinderlende mit Ananas

(für 4 Personen)
1 kg Rinderfilet
Salz, Pfeffer
80 g Butterschmalz zum Braten
Sahne für die Sauce
1 frische Ananas in Scheiben
(oder Scheiben aus der Dose)
Butter zum Braten
4 cl Obstschnaps

Das abgespülte Fleisch trockentupfen, dann würzen. Mit flüssigem Butterschmalz begossen im offenen Bräter im vorgeheizten Backofen bei 225 - 250 Grad C ca. 25 Minuten braten. Die Temperatur ausschalten, das Fleisch 5 - 10 Minuten im geschlossenen Backofen stehenlassen. Dann in Folie wickeln und inzwischen aus dem Bratfond und der Sahne (eventuell etwas Ananassaft) die Sauce bereiten. Die Ananasscheiben in heißer Butter auf beiden Seiten braten. Den Obstschnaps darübergießen. Ananas zusammen mit dem Filet anrichten.
Beilage: Safranreis dazu servieren.

Gurkensalat
mit Walnüssen

(für 4 Personen)
1 Salatgurke
Salz
1 Schalotte
ca. 8 frische Walnüsse
1 Knoblauchzehe
Saft von 1 Zitrone
Pfeffer
4 El Sahne
2 El Öl

Die Gurke schälen und in feine Scheiben schneiden. Dann salzen. Die Schalotte schälen und sehr fein hacken. Die Walnüsse aus der Schale knacken und vierteln.

Die Knoblauchzehe schälen, die Salatschüssel damit ausreiben (Rest wegwerfen). Den Saft von den Gurken gießen, Gurkenscheiben in die Salatschüssel geben. Alle übrigen Zutaten zufügen und den Salat gut vermischt servieren.

Zwiebelfleisch

(für 6 Personen)
1 kg ausgelöster Schweinekamm
(Nacken)
Salz, Pfeffer
2 zerdrückte Knoblauchzehen
1 Tl getrockneter Majoran
6 El Öl
3 El Wacholderschnaps
(alternativ Gin oder Genever)
1 kg Zwiebeln
Öl zum Braten

Das Schweinefleisch in Streifen schneiden, mit Gewürzzutaten, Öl und Schnaps vermischen. Zugedeckt 24 Stunden im Kühlschrank stehenlassen.

Am nächsten Tag die Zwiebeln schälen und ebenfalls in nicht zu feine Streifen schneiden. In einem Bratentopf bei starker Hitze partieweise das Fleisch anbraten, danach herausnehmen. Nun die Zwiebeln in das Fett geben, hell andünsten. Jetzt das Fleisch zufügen. Alles im zugedeckten Topf bei milder Hitze ohne Wasserzugabe ca. 1 1/2 Stunden sanft schmoren, zwischendurch umrühren. Vor dem Servieren nochmals abschmecken.
Beilage: Dazu Röstkartoffeln, frisches Landbrot und grünen Salat servieren.

Blick auf Steinbach ▶

Grabfelder Schweinebraten

(für 6 Personen)
200 g Möhren, 200 g Zwiebeln
200 g Knollensellerie
1 - 2 weiße Petersilienwurzeln
200 g Porree
1 1/2 - 2 kg Schweinekamm
ca. 4 El Öl zum Anbraten
1 El getrockneter Beifuß
Salz, Pfeffer, ca. 1/2 l Brühe
eventuell Speisestärke zum Binden der Sauce

Zuerst das Würzgemüse vorbereiten: Möhren, Zwiebeln, Sellerie und Petersilienwurzel schälen, abspülen, dann fein würfeln. Vom Porree die Wurzeln, äußeren Blätter und Blattspitzen abschneiden, danach die Stange der Länge nach aufschneiden, unter fließendem Wasser gründlich waschen und in Ringe schneiden. Nun in einem Bräter mit heißem Öl das Fleisch rundherum braun anbraten. Dann das Gemüse zufügen und unter Umrühren hell mit andünsten. Beifuß, Salz, Pfeffer und die Hälfte der heißen Brühe zugeben.

Den zugedeckten Braten im Ofen bei 170 Grad C ca. 2 1/2 Stunden schmoren. Zwischendurch das Fleisch umwenden und die übrige Brühe zugeben.

Vor dem Anschneiden den Braten 10 Minuten im ausgeschalteten Ofen ruhenlassen. Inzwischen den Fond entweder durch ein Sieb geben oder mit dem Pürierstab aufpürieren, dann würzig abschmecken (eventuell mit etwas in kaltem Wasser angerührter Speisestärke binden). Die Sauce zum Braten reichen. Dazu reicht man „Hüts" (Klöße), Semmel- oder Serviettenkloß.

Serviettenkloß

(für 4 Personen)
5 altbackene Brötchen
(möglichst am Vorabend
einweichen)
5 Eier
ca. 1/2 Tasse (85 ml) kalte Milch
Salz, abgeriebene Muskatnuß

Die Brötchen würfeln. Eier und Milch und Gewürze verquirlen, über die Brotwürfel gießen. Alles einmal gut durchrühren. Zugedeckt mindestens 1 Stunde stehenlassen. Danach kräftig durchkneten und nochmals 1 Stunde stehenlassen, bis die Brotwürfel ganz durchgeweicht sind.

Nun eine Serviette in kaltes Wasser legen und kräftig auswringen. Die fest zu einem Kloß zusammengedrückte Semmelmasse hineingeben. Die Serviette oben locker zusammenknoten (Teig geht auf). In einem großen Topf reichlich Salzwasser aufkochen. Einen Kochlöffel quer darüberlegen. Den Kloß daran knoten und, frei im Wasser hängend, ca. 1 Stunde sanft kochen lassen, dabei den Deckel lose auflegen. Danach den Kloß halbieren (am besten mit einem darumgelegten Zwirnsfaden) und in Stücke schneiden, sofort servieren.

Tip: Mit viel feingehackter Petersilie oder in Speckfett angebratenen Zwiebeln läßt sich der Kloß auch abwechslungsreich würzen.

„Feste Hüts" (Semmelklöße)

(für 4 Personen)
150 g altbackenes Weißbrot
2 Eier
1/4 l Milch
Salz
300 g Mehl
2 gestrichene Tl Backpulver
etwas Mehl zum Bestäuben

Das Brot in Würfel schneiden. Eier und Milch verquirlen. Über das Brot gießen. Dann Salz, Mehl und Backpulver untermischen und alles zu einem festen Teig gut durcharbeiten (er darf nicht an den Händen kleben). Leicht mit Mehl bestäuben und mit einem Tuch bedeckt 1/4 Stunde ruhenlassen. Nun nochmals durchkneten, dann Klöße daraus formen. Auf einem Brett ca. 1/4 Stunde stehenlassen. In leicht siedendem Salzwasser ca. 25 Minuten garen. Die Klöße herausnehmen und in eine vorgewärmte Schüssel geben.

Variation: Man kann in den Semmelteig einige trockengeschmorte, feingehackte Pilze einkneten – siehe Rezept „Trockengeschmorte Pilze".

Das klassische Rezept besteht zu 2/3 aus rohen Kartoffeln und zu 1/3 aus gekochten Kartoffeln.

„Hüts"
(Thüringer Klöße)

(für 6 Personen)
2 Brötchen
40 g Butter
3 kg mehlig kochende Kartoffeln
Salz
4 - 6 Tl Kartoffelstärke

Die Brötchen würfeln und in heißer Butter hell rösten. Die Kartoffeln schälen, 1/3 in große Würfel schneiden. Knapp mit Wasser bedeckt 20 Minuten garen. Inzwischen 2/3 mit der feinen Reibe der Küchenmaschine in eine Schüssel mit kaltem Wasser reiben, vorher die Schüssel mit einem sauberen Tuch auslegen. (Beim Reiben angefallene Kartoffelstückchen herausnehmen und mit kochen). Dann das Tuch an den Rändern zusammenfassen, die Kartoffeln sehr fest ausdrücken, die Flüssigkeit in die Schüssel laufen lassen.

Die ausgedrückten Kartoffeln auseinanderzupfen. Die gekochten Kartoffeln abgießen, das Kochwasser auffangen. Dann die Kartoffeln zerstampfen. Nun so viel von dem Kochwasser zugießen, daß ein Brei entsteht. Den Brei noch einmal aufkochen, bis sich große Blasen bilden, dann kochend über die rohen Kartoffeln geben, dabei kräftig durchkneten. Das Wasser von der abgesetzten Kartoffelstärke abgießen, Kartoffelstärke und Salz zum Teig geben. Alles gut verkneten. Mit nassen Händen Klöße formen, dabei in die Kloßmitte einige Semmelwürfel geben.

In einem großen Topf reichlich Salzwasser aufkochen. Partieweise die Klöße hineinsetzen und ca. 15 - 20 Minuten unter dem Siedepunkt „gar ziehen" lassen. Dann in eine heiße Schüssel geben (in die Schüssel einen umgedrehten kleinen Teller legen, damit die Klöße gut abtropfen und nicht aneinander kleben).

Tip: Übriggebliebene Klöße später in heißer Butter braten und zu Salat servieren.

Pilzgemüse (für 4 Personen)

ca. 1 kg gemischte Waldpilze z.B. Birkenpilze,
Rotkappen, Reizker, Maronen oder Hallimasch
100 g Zwiebeln, 80 g Butter
Salz, Pfeffer, 1 El Mehl, ca. 200 ml Sahne
4 El feingehackte Petersilie

Die Pilze putzen: weiche Stellen und Wurzelansatz abschneiden. Anhaftende Erde und Pflanzenreste abwischen. Die Hüte längs, die Stiele quer in Scheiben schneiden. Die Zwiebeln schälen und sehr fein würfeln. In einer Pfanne die Butter zerlaufen lassen, die Zwiebeln darin hell anbraten. Danach die Pilze zufügen, umrühren und würzen. Zugedeckt ca. 25 Minuten dünsten.

Das Mehl durch ein Sieb darüberstäuben. Umrühren und kurz andünsten, dann das Pilzgemüse mit Sahne auffüllen und abschmecken. Petersilie unterrühren und zu Klößen servieren.
Beilage: Feste Hüts
Tip: Sehr gut schmecken die Pilze, wenn sie mit Speckwürfeln angebraten werden.

Trockengeschmorte Pilze

(für 4 Personen)
1 kg gemischte Pilze
6 El Öl oder ca. 80 g Butter
2 feingehackte Zwiebeln, Salz, Pfeffer
eventuell feingehackte Petersilie

Die Pilze – wie beschrieben – putzen und kleinschneiden. In einer großen Pfanne im heißen Fett anbraten. Die Zwiebeln, Salz und Pfeffer unterrühren. Alles unter dauerndem Umrühren braten, bis die Flüssigkeit verdampft ist und die Pilze leicht gebräunt sind. Vor dem Servieren eventuell Petersilie unterrühren. Dazu Braten, Steaks oder Semmelklöße servieren.

Lauchbrüh' (Porreegemüse) mit Steinpilzen

(für 4 Personen)
1,5 kg Porree, 1/2 l Brühe
(klassisch: von gepökeltem Eisbein oder
Nackenstück), 500 g frische Steinpilze
30 g Butter, Pfeffer und eventuell etwas Salz
eventuell etwas Sahne

Den Porree putzen: Wurzelansatz, Blattspitzen und äußere grobe Blätter entfernen. Die Stangen längs aufschlitzen, unter fließendem Wasser gründlich vom Sand befreien. Dann in Ringe schneiden. In der Brühe etwa 25 Minuten kochen. Die abgetupften Pilze in Scheiben schneiden. In der heißen Butter in einer Pfanne 5 Minuten unter Umrühren braten. Dann zum Gemüse geben. Alles abschmecken. Eventuell mit Sahne verfeinern.
Beilage: Dazu „feste Hüts" oder „Dätscher" reichen.

„Dätscher" Kartoffelpuffer aus rohen Kartoffeln

(für 4 Personen)
10 große Kartoffeln
1 Zwiebel
1 Ei
Salz
1 Tl Kartoffelstärke
Öl zum Braten

Die Kartoffeln schälen und fein reiben. Die geschälte Zwiebel ebenfalls reiben und unterrühren. Ei, Salz und Kartoffelstärke ebenfalls einrühren. Den Teig portionsweise in heißem Öl von beiden Seiten als große (Durchmesser ca. 15 cm) Kartoffel-Plätzchen goldgelb und knusprig braten.
Beilage: Dazu „Lauchbrüh" (Porreegemüse) servieren.

Lauchsuppe mit Pilzen

(für 4 Personen)
1 kg Porree, 1 kg Kartoffeln
1 Zwiebel, 500 g Mischpilze
80 g Fett (Schmalz,
Butter oder Öl)
1 1/4 l Brühe
etwas abgeriebene Muskatnuß
Salz, Pfeffer

Den Porree – wie beschrieben – putzen und waschen. Die Kartoffeln schälen und waschen. Ebenfalls die Zwiebel schälen. Die Pilze – wie im Rezept Pilzgemüse beschrieben – putzen. Alles kleinschneiden. In einem großen Topf das Fett erhitzen und alles zusammen anschwitzen. Die Brühe zugießen. Muskatnuß, etwas Salz und etwas Pfeffer zufügen. Die Suppe zugedeckt bei geringer Hitze ca. 50 Minuten garen. Dann abschmecken.

Dätscher-Steak

(für 2 Personen)
2 Schweineschnitzel à 125 g
Salz, Pfeffer
6-8 große Kartoffeln
1 Zwiebel
1 Ei
1/2 Tl Kartoffelstärke
etwas Mehl zum Mehlieren der Schnitzel
Öl zum Braten

Die Schweineschnitzel flachklopfen und würzen. Aus geschälten, roh geriebenen Kartoffeln, Zwiebeln, Ei und Kartoffelstärke einen Dätscherteig bereiten – wie beschrieben.

Nun die Schnitzel in Mehl wenden. In einer kleinen Pfanne reichlich Öl erhitzen, die Pfanne beiseite ziehen. Eine Schicht Teig (etwa 1/4 der Menge) hineingeben, ein Schnitzel darauf legen. Mit Teig bedecken. Dann die Pfanne wieder auf mittelstarke Hitze erhitzen, den Deckel auflegen. Die Dätscher-Steak nacheinander von beiden Seiten jeweils in ca. 7 Minuten knusprig braun braten. (Bis zum Servieren den ersten Dätscher im Ofen bei 150 Grad C warm halten.) Dazu Gurkensalat servieren.

Tiegelkuchen

(für 4 Personen)
500 g Mehl
1 Würfel Hefe
oder Trockenbackhefe
1/4 l lauwarme Milch
1 Prise Zucker
Salz
ausgelassenes Schweinefett für die Form
flüssige Butter zum Bestreichen

Das Mehl in eine Knetschüssel geben, oben eine Vertiefung eindrücken. Die Hefe zerbröckeln, die Hälfte der Milch hineinrühren. Zucker zufügen. Den Vorteig mit Mehl (vom Schüsselrand) bedecken. Mit einem Tuch abgedeckt 20 Minuten am warmen Ort aufgehen lassen. Nun die restliche Milch unterkneten, (eventuell noch mehr Milch zugeben, bis der Teig formbar wird). Solange durchkneten, bis die Zutaten sich verbunden haben und der Teig glänzt. 30 Minuten zugedeckt aufgehen lassen. Nun nochmals durchkneten, eine Rolle formen, diese in ca. 10 Stücke schneiden. Daraus Klöße formen.

Eine Keramik- oder Springform mit Schweinefett ausstreichen. Die Klöße hineinsetzen. Im Backofen bei 50 Grad C 20 Minuten aufgehen lassen. Dann den Tiegelkuchen bei 200 Grad C backen, bis er goldbraun ist. Nach dem Backen mit flüssiger Butter bestreichen. Zum Essen den Kuchen in Portionen zerpflücken. Zu Wiegefleisch, Sauerkraut oder Wirsinggemüse reichen.

Tip: Süß zubereitet schmeckt der Tiegelkuchen auch sehr gut zu Zwetschenbrei.

Variation: Aus dem gleichen Teig lassen sich „Hefeklöße" bereiten. In diesem Fall vorher 2 Eigelb unter den Teig kneten. Die
Klöße nebeneinander auf einem Tuch, zugedeckt, über einem Topf
mit reichlich kochendem Wasser ca. 20 Minuten garen.
Zum Servieren mit zwei Gabeln die Klöße oben aufreißen.

(für 4 Personen) **Zwetschenbrei**
1,5 kg Zwetschen
1 Stück Stangenzimt
100 g Zucker
1/4 l Wasser
150 ml dicke saure Sahne

Die gewaschenen Zwetschen entsteinen. Dann zusammen mit
Zimt, Zucker und Wasser unter Rühren aufkochen. Nun die
Früchte bei sehr geringer Hitzezufuhr im offenen Topf garen,
dabei ab und zu umrühren (brennen leicht an). Der Brei ist fertig, wenn er dick geworden ist, aber die Früchte noch nicht zer-
kocht sind. Dann warm oder kalt zusammen mit saurer Sahne
(eventuell leicht einrühren, so daß sie sich nicht ganz vermischt,
sondern streifig bleibt) zu Tiegelkuchen, Hefeklößen oder Serviettenkloß servieren. Auch sehr gut als Beigabe zu Kartoffelgerichten geeignet, zum Beispiel zu Klößen aus gekochten Kartoffeln.

Servier-Tip: Einige in der Pfanne mit Butter kurzgebratene Zwet-
schenachtel zum Zwetschenbrei legen.

Hefeklöße mit Zwetschenbrei

Eingelegte Lammfilets

(für 4 Personen)
ca. 750 g Lammfilets
Pfeffer, Salz
getrocknete Kräuter:
Thymian und Rosmarin
(am besten im Mörser zerrieben)
2 zerdrückte Knoblauchzehen
5 El Öl
ca. 30 g Butter
etwas Knoblauch

Das Fleisch mit den Gewürzzutaten und dem Öl vermischen. Zugedeckt 3 - 4 Tage im Kühlschrank durchziehen lassen. Danach
in Medaillons schneiden und in einer heißen Grillpfanne auf beiden Seiten kurz und kräftig (ca. 3 Minuten) braten. Mit zer-
drücktem Knoblauch gewürzte Butter daraufsetzen.
Beilage: Dazu junge grüne Bohnen und Röstkartoffeln reichen.

Gansgeschnetzeltes

(für 4 Personen)
ca. 800 g ausgelöstes
Brustfleisch von einer Gans
Gänseschmalz zum Braten
2 große Zwiebeln
Salz, Pfeffer, Beifuß
1/4 l Gänsebrühe (oder andere)
2 große, festkochende Äpfel

Das Fleisch (die Haut abziehen und beiseite stellen) in 1 cm breite Streifen schneiden. Abtupfen. Partieweise in heißem Fett unter häufigem Umwenden kurz und kräftig anbraten. Danach die geschälten, gewürfelten Zwiebeln im gleichen Fett bräunen. Gewürzzutaten und Brühe dazufügen, alles 25 Minuten zugedeckt garen. Inzwischen die Äpfel schälen, entkernen und in Schnitze schneiden. In einer anderen Pfanne im heißen Gänsefett hellbraun braten, beiseite stellen. Nun die in Streifen geschnittene Gänsehaut in der heißen Pfanne kross und braun braten. Äpfel und Gänsehaut über das abgeschmeckte Fleisch verteilen und sofort zu Semmelklößen reichen.

EIN JUNGER MEISTER IM „PAGENHAUS"

Hoch über der Stadt Gotha ließ einst Herzog Ernst der Fromme im siebzehnten Jahrhundert Schloß Friedenstein errichten. Wer Gotha besucht, wird vorbeischauen müssen, der Kunstbetrachtung und des guten Geschmackes wegen. Denn seit 1995 kocht dort im Seitenflügel – dem „Pagenhaus" – ein angehender Meister, den man kennenlernen sollte. Torsten Hache, siebenundzwanzig, erfinderisch, fleißig und mit Sinn für Besonderes, ein junger Fachmann mit großen Zielen – so könnte das Kurzportrait lauten.

Der Junge aus dem Westerwald wollte eigentlich Förster werden. „Doch dafür hätte ich einen Spitzen-Schulabschluß haben müssen." Seine Jugendträumereien hat er längst aufgegeben. Denn der erfolgreiche Nachwuchskoch hat gemerkt, daß er am Herd viel Anerkennung bekommt. Restaurantführer und Feinschmeckermagazine loben sein Können, seine originellen Einfälle und den guten Geschmack. Mit Ehrgeiz und Eifer arbeitet er für den ersten Platz in Thüringen. Im November 1996 in Stuttgart, beim Wettkochen der jungen Deutschen für den europäischen „Bocuse d'Or" (Wettkampf der jungen Köche Europas), schaffte er den besten Fisch: „Kabeljau mit drei Beilagen". Gerade bei Zubereitung von Einfachem lassen sich Meisterschaft und Phantasie beweisen. In der Gesamtwertung belegte Hache den vierten von sechzehn Plätzen. Geprüft wurden fachliches Können und Originalität der Rezepte. Unter den kritschen Augen von eintausendsechshundert Zuschauern wurde hier gearbeitet; da heißt es, ruhig Blut zu bewahren. Denn auf einem riesigen Bildschirm wur-

Küchenchef Torsten Hache vom Restaurant „Pagenhaus" in Gotha

de für alle sichtbar, wer sein Handwerk beherrscht und wer nicht. Als wir Torsten Hache in Gotha aufsuchten, stand er unmittelbar vor der Abfahrt zum Wettkampf. Doch gutgestimmt und gelassen war er bereit zum Gespräch.

„Wie sieht heutzutage die gute Küche in Thüringen aus? Wir wollen die besten Gerichte kennenlernen." Und schon sprudelt er los. Die Ideen überschlagen sich, wir bitten ums „Normale", also um Rezepte, die jeder zu Hause nachkochen kann. „Ich kaufe alles frisch hier in der Gegend ein", versichert er, „denn in Thüringen gibt es Kaninchen oder Kälber aus gesundem Bestand, Fisch und Geflügel in guter Qualität. Gemüse, Pilze, Obst – alles nach der Jahreszeit frisch."

Die Küche der Saison hat im „Pagenhaus" Vorrang. Natürlich sind ihm einheimische Spezialitäten wichtig: Blutwurst, Braten, Klöße und, nicht zu vergessen, die guten Kuchen. Traditionelles inspiriert ihn zu neuen Taten, zu eigenen Kreationen im Geist der französischen oder auch italienischen Meister. Ein Beispiel sind italienische Ravioli mit Füllung aus thüringischer Rotwurst. Der Jungkoch kann schon eine Reihe bekannter Feinschmecker-Restaurants aufzählen, wo er sich Sporen verdiente. Auch in seinem Elternhaus wurde schmackhaft gekocht: „Doch alles gut bürgerlich, nichts Exotisches oder Abgehobenes." Beizeiten lernte er, Gutes vom Durchschnitt zu unterscheiden.

Auch wer nur einen Imbiß im Gothaer „Pagenhaus" nehmen will, ist herzlich willkommen. Torsten Hache geht es nicht nur um die große und teure Küche. Auch Einfaches und Bodenständiges kommt in bester Qualität auf den Tisch. Hier seine Rezepte:

Rote Bete Crème-Suppe

(für 4 Personen)
1 unbeschädigte Knolle
Rote Bete (à ca. 120 g)
30 g Schalotten, 50 g Butter
1/2 l klare Geflügelbrühe, etwas Weißwein
Salz, Pfeffer, 1 Tl Zitronensaft
1/4 l Crème double (ca. 60% Fettgehalt)
Als Beigabe:
ca. 4 gehäufte Teelöffel
Meerrettichsahne

Die Rote Bete in schwach kochendem Wasser ca. 50 Minuten garen. Dann herausnehmen, kalt abspülen und schälen. Danach in Streifen schneiden.

Für die Suppe die geschälten Schalotten würfeln, in der heißen Butter anbraten. Die restlichen Zutaten und die Rote Bete zufügen, alles aufkochen und mit dem Pürierstab durchmixen. Dann durch ein Sieb geben. Auf jede Portion einen Teelöffel Meerrettichsahne setzen, nur wenig verrühren.

Einlage: Der Koch empfiehlt gebratenes Kalbsbries. Dazu das gereinigte, in kochendem Wasser gebrühte Bries in Scheiben schneiden. In Mehl wenden und in Butter von beiden Seiten hell braten. Zerlegt in die Suppe geben.

Tip: Am besten garen Sie gleich mehrere Knollen Rote Bete. Abgekühlt lassen sich diese gut für Salat verwenden.

(für 4 Personen)
300 g mehlige Kartoffeln
1 Stange Porree
1/4 Sellerieknolle
2 Schalotten
100 g Butter
100 g feingehacktes Sauerkraut
ca. 200 ml Brühe
200 ml Sahne
abgeriebene Muskatnuß
Salz, Pfeffer

Kartoffel-Sauerkraut-Suppe

Die Kartoffeln schälen. Den Porree putzen, dabei das Grün weg-schneiden. Sellerie und Schalotten schälen. Alles waschen und kleinschneiden. Nun in der heißen Butter Sellerie, Porree und Schalotten, dann die Kartoffeln und das Sauerkraut andünsten. Anschließend mit der Flüssigkeit auffüllen, ca. 30 Minuten garen. Danach die Suppe mit dem Pürierstab aufmixen und durch ein Sieb passieren. Würzig abschmecken.
Einlage: Gebratene thüringische Rotwurst.

(für 4 Personen)

Soufflierter Hecht

Soufflé:

200 g eiskaltes Hechtfilet
150 ml Sahne, 1 Eiweiß, Salz, Pfeffer
abgeriebene Muskatnuß
2 cl Noilly Prat oder „Gotano"-Wermut

Außerdem:

4 Hechtfilets (à 180 g)
Salz, Pfeffer, 2 cl Wermut
40 g eiskalte Butterstückchen

Für die Soufflémasse das kalte, rohe Hechtfilet im Feinhacker zerkleinern. Zusammen mit Sahne und Eiweiß zu einer geschmeidigen Masse verarbeiten. Würzen und durch ein Sieb streichen, damit keine Gräten mehr enthalten sind.

Die anderen Hechtfilets würzen. In eine ausgebutterte, feuerfeste Form legen und mit der Soufflémasse bestreichen. Den Wermut darüberträufeln. Den Fisch im vorgeheizten Ofen bei 220 Grad C ca. 8 - 10 Minuten backen. Den Fond in ein Töpfchen gießen. Den Fisch vor dem Servieren kurz unter dem vorgeheizten Grill goldgelb bräunen.

Inzwischen die eiskalten Butterstückchen mit dem Schneebesen unter den heißen Fond schlagen.

Beilage: Dazu serviert man Dillkartoffeln und in feine Streifen (Juliennes) geschnittenes, in heißer Butter in einer großen Pfanne kurz gebratenes Suppengemüse: Porree, Sellerie, Möhren.

Reinhardsbrunner Zander auf Linsensauce

(für 4 Personen)
500 g kleinste grüne Linsen
(französische Puy)
1 Zwiebel oder 2 Schalotten
1 Möhre, 1 Stange Sellerie
Salz, Pfeffer

Sauce:
300 ml Brühe (Kalb oder Fisch)
150 ml Crème double (ca. 60 % Fettgehalt)
1 Lorbeerblatt
gegarte Linsen (siehe oben)
2 cl (1 Schnapsglas) Balsamico-Essig
60 g (evt. in Flöckchen eingefrorene)
eiskalte Butter

Außerdem:
4 Zanderfilets (ca. à 180 g)
Salz, Pfeffer
Öl zum Anbraten

Die gewaschenen Linsen und das geputzte, gewaschene, kleinge-schnittene Würzgemüse knapp mit Wasser bedeckt 20 Minuten zugedeckt garen. Dann mit Salz und Pfeffer würzen.

Für die Sauce Brühe und Crème double zusammen mit dem Lorbeerblatt bei starker Hitze um die Hälfte einkochen lassen. Das Lorbeerblatt herausnehmen. Nun so viele gegarte Linsen mit dem Pürierstab einarbeiten, daß eine leicht gebundene Sauce entsteht. Die Sauce abschmecken und mit Balsamico-Essig würzen. – Vor dem Anrichten die Butterstückchen unter die heiße Sauce schlagen.

Die gewürzten Fischfilets im heißen Öl nur auf einer Seite ca. 3 Minuten braten. Etwas von der heißen Sauce auf vorgeheizte Teller geben. Die Fischfilets mit der angebräunten Seite nach oben daraufsetzen. Einige Linsen darüber verteilen (restliche Linsen entweder dazugeben oder später verwenden).

Beilage: Der Koch empfiehlt Reiskrusteln. Dafür Rundkornreis (1,5 Tassen) zusammen mit einer gehackten Schalotte, Brühe (3 Tassen), Pfeffer, Muskat und 40 g Butter aufkochen. Ausquellen lassen. Dann mit etwas Milch, 2 Eigelb und 2 El geriebenem Parmesankäse binden, Masse auf ein Blech streichen und abkühlen lassen. – Danach Vierecke daraus schneiden, in Semmelbröseln wenden, im heißen Öl schwimmend goldbraun fritieren. Frischer Salat paßt dazu.

Tip: Die Reiskrusteln – bis auf das Ausbacken in Öl – am Vortag zubereiten. Abgedeckt kühl stellen.

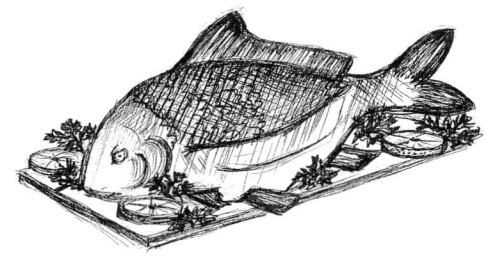

(für 4 Stück)
Alle Fleischzutaten
beim Metzger vorbestellen:
500 g Schweineherz
500 g Milz, 300 g Lunge, 1 kg Schwarte
2,5 kg Schweinebauch, 1 Schweinebacke
2 kg Schweinefleisch, 500 g Schweineleber
frisches Schweineblut

Gewürzzutaten:
1 kleine Knoblauchzwiebel, 300 g Zwiebeln
Salz, Pfeffer, getrockneter Majoran

Hausgemachte Blutwurst

Zuerst die entsehnten und abgespülten Herz, Milz, Lunge und Schwarte knapp mit Wasser bedeckt ca. 50 Minuten kochen. Dann Bauch, Backe und Fleischstück zufügen. Wieder aufkochen und 1 Stunde unter dem Siedepunkt weitergaren. Alles herausnehmen und weiterverarbeiten: Schwarte, Milz und Lunge zusammen mit der rohen Leber durch die feine Scheibe des Fleischwolfes geben. Bauch, Backe, Herz und Fleisch kleinwürfeln (0,5 - 0,8 cm), zu dem durchgedrehten Fleisch geben. Nun die Gewürzzutaten untermischen. Alles mit soviel frischem Blut verrühren, daß eine sämige Masse entsteht. Dann nicht zu fest in Därme füllen und in reichlich Wasser unter dem Siedepunkt ca. 45 Minuten garen.

◀ *Malerisch gelegen – der Kurort Brotterode*

Hausgemachte Nudeln

(als Beilage für 4 Personen)
250 g Weizenmehl
100 g feiner Hartweizengrieß
3 Eier, 1 Eigelb
Salz, Muskat, Salzwasser
2 El Öl, heiße Butter zum Begießen

Mehl und Grieß auf die Arbeitsfläche häufen, in eine Vertiefung in der Mitte die verklopften Eier und Gewürze geben. Mit einer Gabel von der Mitte aus die Eier nach und nach mit dem Mehlgemisch vermischen. Dann alles mit den Händen ca. 15 Minuten kräftig durchkneten, bis der Teig sich zu einer glänzenden Masse verbunden hat. In Klarsichtfolie fest einwickeln und 30 Minuten ruhenlassen. Danach den Teig in zwei Partien auf bemehlter Fläche mit einem Nudelholz von der Mitte aus so dünn wie möglich ausrollen (besser: mit der Nudelmaschine ausrollen). Nun entweder in Streifen schneiden oder als Teigtaschen – wie im Rezept „Blutwurst-Ravioli" beschrieben – weiterverarbeiten. Vor dem Garen ca. 30 Minuten trocknen lassen. Dann Salzwasser aufkochen, Öl hineingeben. Die Nudeln hineingeben und im offenen Topf unter dem Siedepunkt ca. 4 Minuten garen. Sofort abgießen und in heißer Butter schwenken.

Wichtig: Werden die Nudeln als einziges Hauptgericht serviert, muß die Zutatenmenge vergrößert werden: Pro Person rechnet man ca. 100 g Mehl/Grieß und 1 Ei.

Blutwurst-Ravioli

Zutaten wie im Rezept
„Hausgemachte Nudeln"

Füllung:
„Hausgemachte Blutwurst"
oder 200 g Thüringer Rotwurst
Eiweiß zum Bestreichen

Den Nudelteig wie im Rezept „hausgemachte Nudeln" beschrieben zubereiten. Aus dem Teig zwei gleich große Platten so dünn wie möglich ausrollen. Statt den Teig trocknen zu lassen und in Streifen zu schneiden, sofort in gleichmäßigen Abständen kleine Häufchen Blutwurst auf die Teigplatte verteilen. Rings um die Häufchen jeweils etwas verschlagenes Eiweiß streichen. Die zweite Teigplatte darüberlegen, zwischen den Häufchen leicht andrükken. Mit einem Teigrädchen die Ravioli ausstechen. Die Taschen 30 Minuten trocknen lassen, danach in Salzwasser mit Ölzugabe ca. 10 Minuten sanft garen. Mit flüssiger Butter beträufelt servieren.

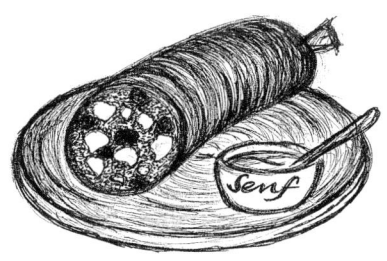

Schlachtplatte von der Ente

(für 4 Personen)
4 Entenbrüste mit Haut
(à ca. 150 g)
4 Scheiben Entenstopfleber (à 50 g)
Öl zum Braten
Mehl zum Bestäuben
Salz, Pfeffer

Außerdem:
vorbereitete Blutwurstravioli
aus 350 g Mehl/Grieß
(siehe Rezepte „Hausgemachte Nudeln"
und „Blutwurst-Ravioli")

Zuerst die Ravioli (und die Gemüsebeilage, siehe unten) garen und warm stellen. Nun die Entenhaut gitterartig einschneiden, und die Entenbrüste würzen. In heißem Öl auf beiden Seiten ca. 4 - 5 Minuten kräftig braten. Dann herausnehmen und warm stellen.

Die Stopfleber würzen und mehlieren. Im gleichen Fett bei Mittelhitze 2 Minuten auf beiden Seiten anbraten.

Servieren: Ravioli, die schräg in Scheiben geschnittenen Entenbrüste und die Stopfleber auf püriertem oder fein gewürfeltem Gemüse hübsch anrichten.

Gemüsebeilage: Der Koch empfiehlt Gemüsepüree aus 800 g (geputztem) in Sahne gedünstetem Wirsing. Ebenso gut passen dazu gedünstete Steckrübenwürfel (800 g), die mit gebratenen Zwiebel- und Speckwürfeln abgeschmälzt werden.

(für 4 Personen)
1 bratfertige Poularde (1,4 kg)
Salz, Pfeffer
Öl zum Braten
2 Möhren
1 Porreestange
1/2 Knolle Sellerie
8 - 10 Schalotten
2 mittelgroße Kartoffeln
1 Zweig Thymian
1/2 Zweig Rosmarin
3 Tomaten

Wandersleber Hähnchen mit Schmorgemüse

Das Hähnchen (Poularde) in 6 - 8 Teile zerlegen und würzen. Dann in einem großen Bräter im heißen Öl anbraten, dabei umwenden.

Inzwischen das Gemüse putzen, waschen und in 5 cm lange und 0,5 cm dicke Stifte schneiden, Schalotten vierteln, ebenfalls die geschälten Kartoffeln zurechtschneiden. Alles um die Hähnchenteile legen, die Kräuter zufügen. Bei 180 Grad C ca. 1 Stunde offen schmoren. 10 Minuten vor Bratzeitende die gebrühten und geschälten Tomaten vierteln und entkernen, dann zufügen. Alles auf einer heißen Platte hübsch anordnen.

Ermstedter Bauerngans

(für 6 - 8 Personen)
1 bratfertige Gans
3 - 4 große Boskopäpfel (ca. 550 g)
Beifuß, Salz, Pfeffer
600 ml Apfelsaft
etwas Kartoffelstärke

Das lockere Bauchfett von der Gans entfernen und langsam in einem Töpfchen auslassen. Die Innereien herausnehmen, die Gans abspülen und innen würzen. Die ungeschälten, entkernten, geviertelten Äpfel und die Beifußstengel in die Bauchhöhle geben, dann die Bauchöffnung der Gans zunähen oder mit kleinen Hölzchen zusammenstecken. Nun mit der Brustseite nach unten in die Fettfangschale des Backofens geben. 2 Tassen Apfelsaft zugießen. Bei 190 Grad C eine Stunde braten. Dann die Gans umdrehen. Die Schenkel mit einer Fleischnadel mehrfach einstechen, damit das Fett ablaufen kann. Die Gans nun 1 1/2 bis 2 Stunden weiterbraten, zwischendurch begießen. Das austretende Fett abschöpfen. Eventuell Saft oder Wasser nachgießen. Den braunen Bratensatz zwischendurch losschaben und mit in der Flüssigkeit schmoren lassen.

15 Minuten vor Bratzeitende die Backofentemperatur auf 250 Grad C schalten, eine Tasse kaltes Salzwasser über den Braten gießen und das Geflügel knusprig braten. Danach die Gans auf eine Platte setzen, im ausgeschalteten Ofen 10 Minuten stehenlassen. Inzwischen auf der Kochstelle aus dem entfetteten Bratensatz und dem restlichen Apfelsaft und etwas Wasser eine Sauce kochen. Die Sauce durch ein Sieb passieren, binden und abschmecken.

Rotkohl mit Preiselbeerkompott

(für 6 Personen)
1 großer Rotkohl
2 Boskopäpfel
2 mittelgroße Zwiebeln
4 Wacholderbeeren
1 Lorbeerblatt
Salz, Pfeffer
400 ml Rotwein
3 El Gänseschmalz
6 - 8 Stückchen Würfelzucker
3 El Preiselbeerkompott
eventuell etwas Essig

Den Kohlkopf halbieren, die Außenblätter entfernen, den Strunk herausschneiden. Das Gemüse in feine Streifen schneiden. Die geschälten Äpfel und Zwiebeln ebenfalls kleinschneiden, zum Kohl geben. Wacholder und Lorbeer in ein feines Mulltuch binden, unter den Kohl legen. Salz und Pfeffer zugeben. Alles umrühren und mit Wein begossen, zugedeckt über Nacht durchziehen lassen.

In einem großen Topf das Gänsefett erhitzen, eventuell die Innereien der Gans (die Leber später kurz braten), das Gemüse und den Zucker zufügen. Aufkochen, umrühren, dann bei geringer Hitze ca. 1 1/2 Stunden zugedeckt garen. Vor dem Servieren das Preiselbeerkompott untermischen. Alles gut abschmecken. Je nach Geschmack mit etwas Essig abrunden.
Beilage: Dazu gehören Thüringer Klöße (siehe Rezept).

Quarksoufflé mit Kirschkompott von den Fahner Höhen

(für 6 Personen)

Konditorcrème:
(Crème pâtissière)

500 ml (1/2 l) Milch
1 aufgeschnittene Vanilleschote
1 ganzes Ei, 3 Eigelb
37 g Kartoffelmehl

Kompott:

400 g Kirschen, 200 ml Kirschsaft
150 ml Wasser, 150 g Honig
1 aufgeschnittene Vanilleschote
1/2 Stange Zimt, 15 g Speisestärke
kaltes Wasser zum Anrühren
eventuell etwas Kirschwasser

Soufflé:

130 g Crème pâtissière
60 g abgetropfter Quark, 2 Eigelb
Schale von 1/2 unbehandelten Zitrone
3 Eiweiß, 80 g Zucker

Zuerst wird die Konditorcrème zubereitet: Die Milch zusammen mit der Vanilleschote aufkochen. Ei, Eigelb und die Kartoffelstärke schaumig schlagen, die heiße Milch unter kräftigem Schlagen unterrühren. Nochmals aufkochen. Dann in kaltem Wasser abkühlen, zwischendurch umrühren. Die Vanilleschote ausschaben, das Mark zufügen, die Schote herausnehmen. Die Crème kühl stellen.

Schloß Friedenstein, Gotha ▶

Nun das Kirschkompott herstellen: Die gewaschenen Früchte entstielen und entsteinen. Den Saft auffangen und mit Kirschsaft und Wasser auffüllen. Zusammen mit Honig, Zimt und Vanille aufkochen. Mit der kalt angerührten Stärke binden. Gewürze herausnehmen, vorher das Vanillemark herauskratzen und zufügen. Die rohen Kirschen unterrühren. Kühl stellen. Vor dem Servieren eventuell mit Kirschwasser abschmecken. Dann auf große Teller verteilen.

Für das Soufflé die angegebene Menge von der Crème pâtissière (den Rest für andere Zwecke verwenden, evt. mit Schlagsahne vermischt und gesüßt als Kuchenfüllung), Quark, Eigelb und Zitronenschale verrühren. Eiweiß steif schlagen, den Zucker zufügen und weiterschlagen, bis sich beides gut verbunden hat. Nun unter die Quarkmasse heben. Feuerfeste Förmchen ausbuttern und mit Zucker ausstreuen. Die Quarkmasse bis zum Rand hineinfüllen, einen Streifen Pergamentpapier rundherum innen an den Rand drücken, damit das Soufflé nicht überläuft. Im Ofen bei 180 Grad C 15 - 20 Minuten backen – die Ofentür zwischendurch nicht öffnen! Das Quarksoufflé auf die Teller neben das Kompott setzen und warm servieren.

Tip: Mit etwas gehobelter Bitterschokolade bestreuen.

750 g Stachelbeeren
3 El Zucker, 2 Tassen Wasser

Tambacher Stachelbeer-Schmandkuchen

Teig:
300 g Mehl, 20 g Zucker
1 Vanillezucker
20 g Hefe, 125 ml lauwarme Milch
1 Ei, 40 g lauwarme Butter

Pudding:
500 ml (1/2 l) Milch
4 El Zucker
2 Päckchen Vanille Puddingpulver
50 ml Öl

Rahmdecke:
150 ml saure Sahne, 2 Eigelb
3 El Vanillepudding
30 g Butter, 2 Eiweiß

Die Stachelbeeren verlesen und von Stiel und Blütenansatz befreien, dann waschen. Zusammen mit Zucker und Wasser aufkochen. Je nach Reifegrad ca. 5 Minuten unter dem Siedepunkt zugedeckt garen. Dann schnell den Topf in kaltes Wasser stellen und abkühlen. Knapp die Hälfte der Beeren mit etwas Saft zusammen pürieren. Alles beiseite stellen.

Nun den Hefeteig bereiten: Das Mehl in eine Knetschüssel häufen, in die Mitte eine Vertiefung drücken. Etwas Zucker, die zerbröckelte Hefe und etwas Milch hineinrühren, mit Mehl bedeckt

15 Minuten an einem warmen Ort stehenlassen. Dann mit den restlichen Zutaten vermischen und kräftig durchkneten. Den Teig zugedeckt nochmals 1/2 Stunde aufgehen lassen, bis er sich verdoppelt hat.

Jetzt den Pudding kochen: Etwas Milch, Zucker und das Puddingpulver in einer kleinen Schüssel verrühren. Die übrige Milch zusammen mit dem Öl aufkochen, dann das Puddingpulver einrühren und aufkochen lassen. Ca. 3 Eßlöffel davon für die Rahmdecke in eine Rührschüssel geben.

Das Stachelbeermus in den übrigen Pudding rühren, danach das abgetropfte Kompott unterrühren. Den nochmals durchgekneteten Hefeteig auf ein gefettetes Kuchenblech geben. Den Stachelbeerpudding darauf verteilen.

Den Puddingrest zusammen mit saurer Sahne und Eigelb verrühren. Die Butter bräunen, etwas abkühlen lassen. Inzwischen das Eiweiß steif schlagen. Die Butter unter den Rahmpudding rühren, zum Schluß den Eischnee unterheben. Alles auf dem Kuchen verteilen. Backen: auf der 2. Schiene von unten, 190 Grad C, ca. 30 Minuten. Der Kuchen soll goldgelb aussehen (eventuell mit Alufolie abdecken).

Tip: Am besten schmeckt der Stachelbeerkuchen, solange er lauwarm ist.

KOCHEN IM ZEICHEN DES SCHWANS

Neben dem Goethehaus am Frauenplan in Weimar steht eines der ältesten und berühmtesten Gasthäuser Deutschlands: „Zum weißen Schwan". Hier ging der Dichter ein und aus. Kamen einst Goethes Freunde nach Weimar, so wurden sie dort in den Fremdenzimmern untergebracht. So ist die Geschichte des „Weißen Schwans" eng mit des Dichters Leben verbunden, denn er wohnte fünfzig Jahre im Haus nebenan. In diesem historischen Restaurant begann Herbert Frauenberger als selbständiger Gastronom – sozusagen unter den Flügeln des „weißen Schwans".

Die unmittelbare Nähe zum Goethehaus zog Herbert Frauenberger in den Bann. Goethe führte ein großes Haus mit reicher Tafel, denn er legte Wert auf gutes Essen und Trinken. Die Überlieferung berichtet vom Besuch bekannter Zeitgenossen und gepflegter Tischunterhaltung. Frauenberger studierte, was einst bei Geheimrats auf den Tisch kam. Speisefolgen und Rezepturen fesselten ihn. Was ihm gut und zeitgemäß erschien, bereitete er für die Gäste. So entstand nach und nach eine umfangreiche Rezept-Sammlung, die schließlich als „Goethe Kochbuch" erschien.

Fast jeder Weimar-Besucher kommt einmal zum Essen in das Gasthaus „Zum weißen Schwan", das war und ist noch immer so – für den Küchenchef eine große Chance, sein Können zu beweisen. Mancher dankbare Besucher schenkte dem Wirt als Überraschung einen Schwan.

Jetzt kocht und wirtschaftet Frauenberger in seinem eigenen Hotel in Tabarz, dem Bergstädtchen im westlichen Thüringer

Wald. Die Schwäne haben ihn ins neue Haus begleitet, aus Plüsch mit Toque (der hohen Mütze des Kochs) zum Beispiel oder geprägt ins Wappen des Hauses. Der schönste schwebt im Schwanenrestaurant. Er ist aus Styropor und wurde von einem Asiaten speziell für Frauenberger geschnitzt.

Durch die Öffnung zur neuen Küche kann der Gast dem engagierten Koch und seiner Mannschaft bei der Arbeit zusehen. Auf der Speisekarte stehen regionale Gerichte ganz oben, immer der Saison angepaßt. Denn das ist Frauenbergers Devise: „Warum Spargel im Dezember? Damit gehen doch die Freuden am Wechsel der Jahreszeit verloren." Auch Kartoffeln sind Spezialität des Hauses (obwohl Goethe nichts davon hielt). In Tabarz bietet man mitunter ein ganzes Menü mit Kartoffeln an, sogar pikante Holundersuppe und ein süßes Parfaît sind dabei. Die Küche hat einen eigenen Stil, ist phantasiereich und gut. Wenn der Koch seinen Rotkohl mit in Butter geschwenkten Edel-Ebereschenbeeren empfiehlt oder ein säuerliches Sorbet aus Berberitzenbeeren, schaut mancher fragend auf den Teller. Denn die heimischen Wildfrüchte kennt man kaum noch. Doch dem Thüringer Frauenberger liegen sie mehr am Herzen als Kiwi oder Mango. „Die Zutaten sollten aus der Gegend sein, Fleisch und Geflügel aus bekannter, sicherer Aufzucht. Gemüse und Obst schmecken am besten, wenn sie reif und frisch auf den Tisch kommen."

Frauenberger führt in Tabarz ein behagliches Hotel. Üppiger Auftakt des Tages ist das umfangreiche Frühstücksbuffet, vom Chef selbst inszeniert. In der Küche wirtschaftet er mit einem jungen, einfallsreichen Team. Danilo Weh, der Vertreter des Chefs, bespricht mit uns die Rezepte. Hier sind seine Vorschläge:

Holunder-Kartoffelsuppe

(für 4 Personen)
300 g abgestreifte Holunderbeeren
200 ml Rotwein, 50 g Zucker, 50 g Speck
50 g Zwiebel, 50 g Butter
300 g geschälte Kartoffeln
1 Zweig frischer Majoran
1 kleines Stück Rosmarinzweig
300 ml Rinderbrühe
125 ml saure Sahne (30 % Fett,
eventuell Crème fraîche)
Zitronensaft zum Abschmecken, Salz, Pfeffer

Die vor dem Abstreifen gewaschenen Holunderbeeren zusammen mit Rotwein und Zucker aufkochen. Dann mit einem Pürierstab aufmixen, anschließend durch ein Sieb streichen.

Den Speck und die geschälte Zwiebel fein würfeln, zusammen mit Butter andünsten. Die Kartoffelwürfel und die von den Stielen gestreiften, gehackten Kräuterblättchen sowie die Brühe zufügen und 20 Minuten zugedeckt garen.

Holunder- und Kartoffelsuppe mit der sauren Sahne aufpürieren. Mit Zitronensaft, Salz und Pfeffer abschmecken.

Im Restaurant „Frauenberger" wird die Suppe in einem Kürbis serviert mit Flußkrebsen als Einlage.

Variation: Klößchen aus Käse als Einlage. Dafür: 60 g Butter schaumig rühren, 100 g geriebenen milden Schweizer-Käse (Emmentaler, Sbrinz oder Greyerzer), 1 Ei, Salz und 60 g Mehl unterrühren. Kleine Klößchen formen und im schwach kochenden Salzwasser ca. 10 Minuten garen. Vor dem Servieren in die Suppe geben.

Goethes Wohnhaus und Goethe-Nationalmuseum am Frauenplan in Weimar, im Hintergrund das Gasthaus „Zum weißen Schwan"

(für 4 Personen)
4 Karpfenfilets (à ca. 200 g), Pfeffer
100 ml trockener Rotwein, 40 g Sultaninen
250 g Möhren, 150 g Knollensellerie
1 mittelgroße Zwiebel, 1 Lorbeerblatt
1 - 2 Gewürznelken, 500 ml (1/2 l) Köstritzer
Schwarzbier, 50 g Butter, 60 g Honigkuchen
1 Prise Zucker, Salz, Zitronensaft
30 g Mandelblättchen

Karpfen in Köstritzer Schwarzbier

Die Filets halbieren, nebeneinander in einen flachen, großen Topf legen, mit Pfeffer würzen und mit Rotwein begießen. 3 Stunden zugedeckt kalt stellen.

Die Sultaninen in Wasser oder Wein einweichen.

Die geschälten, gewaschenen Möhren in feine Streifen schneiden. Ebenso den Sellerie schälen, waschen und fein schneiden. Die geschälte Zwiebel fein würfeln. Lorbeerblatt und Gewürznelken zusammen mit Zwiebeln und Schwarzbier zum Fisch geben und alles aufkochen. Bei geringer Temperatur unter dem Siedepunkt ca. 10 Minuten gar ziehen lassen.

Inzwischen die Gemüsestreifen in heißer Butter in einer Pfanne unter Umrühren 10 Minuten bißfest dünsten. Warm stellen.

Den gegarten Karpfen aus dem Sud nehmen, ebenfalls auf einer Platte warm stellen. Den durch ein Sieb gegossenen Sud zusammen mit Honigkuchen aufkochen. Dann mit Pfeffer, Salz, Zitrone und etwas Zucker abschmecken. Die abgegossenen Sultaninen zufügen. Die Sauce über den Fisch verteilen. Dann die Gemüsestreifen und die Mandelblättchen darübergeben und alles servieren. Beilage: Salzkartoffeln mit frisch gehackter Petersilie.

Kartoffelsalat mit Schmand und Räucherfischhäppchen

(für 4 Personen)

800 g Kartoffeln (festkochende Sorte)
100 g Zwiebeln
1 Gewürzgurke (ca. 80 g)
100 g Radieschen

Außerdem:
Salz, Pfeffer, 3 - 4 El Essig
1/2 Tl Zucker
ca. 4 El Gurkenmarinade
200 ml Schmand (saure Sahne ca. 30 % Fett)
1 Bund Dill, 1 Beet Kresse zum Garnieren

Die gewaschenen Kartoffeln ungeschält 20 Minuten in Wasser kochen. Dann abgießen und pellen. Abkühlen lassen und in dünne Scheiben schneiden. Die Zwiebeln schälen und würfeln; kochendes Wasser daraufgießen, die Zwiebelwürfel sofort auf ein Sieb gießen und abtropfen lassen. Gewürzgurke und Radieschen würfeln. Beides zusammen mit den Zwiebeln zu den Kartoffelscheiben geben.

Salz, Pfeffer, Essig, Zucker und Gurkenmarinade verrühren und über die Kartoffelscheiben verteilen. Den Salat vorsichtig vermischen. Zugedeckt ca. 2 Stunden durchziehen lassen. Danach nochmals abschmecken und eventuell nachwürzen. Vor dem Servieren den Salat leicht erwärmen, den Schmand und den gehackten Dill unterrühren. Dann mit Kresse garnieren.
Beilage: Herbert Frauenberger serviert den Salat zusammen mit lauwarmen Räucherfischhäppchen (zum Beispiel Forelle), die in blanchierte Spinatblätter gewickelt werden.

Tip: Spinatblätter lassen sich gut in der Mikrowelle blanchieren. Dazu die entstielten, gewaschenen Blätter ausgebreitet in ein verschließbares Gefäß legen und 2 Minuten bei voller Wattleistung garen.

Mufflon-Braten (Wildschaf)

(für ca. 6 Personen)
1,5 - 2 kg Mufflon-Keule
100 g Möhre, 100 g Sellerieknolle
1 Zwiebel, 1 Petersilienwurzel
100 g Butterschmalz zum Braten, Salz

Beize:
1/4 l Rotwein, 1 Lorbeerblatt, 5 Pimentkörner
2 Gewürznelken, 1/2 Tl schwarze Pfefferkörner
3 enthäutete Knoblauchzehen
1/2 Tl Kräuter der Provence
(fertige Mischung frischer Kräuter aus
Südfrankreich, evt. in Öl eingelegt)
1/2 l Buttermilch

Außerdem:
1/4 l Rotwein, 3/4 l Wildfond (Glas)
ca. 2 Tl Mehl zum Binden, 20 g Butterschmalz

Am Vortag: Das Fleisch abspülen. Die Zutaten für die Beize – außer der Buttermilch – aufkochen und erkalten lassen. Das Fleisch in einen großen Gefrierbeutel geben. Die Beize zusammen mit der Buttermilch hineingießen, den Beutel dicht verschließen und 24 Stunden kühl stellen. Zwischendurch umwenden, damit das Fleisch rundum mariniert wird. Vor dem Braten abtupfen. Die Beize beiseite stellen.

Den Ofen auf 160 Grad C vorheizen. Die Würzgemüse putzen, waschen und so fein wie möglich hacken. In einem großen Bräter das Fleisch in heißem Butterschmalz auf der Kochstelle rundherum anbraten, dann salzen. Die Gemüsewürfelchen ca. 10 Minuten mit anschwitzen. Den Rotwein zugießen. Das Fleisch auf die untere Schiene des Backofens stellen und im offenen Bräter 2 Stunden braten. Zwischendurch nach und nach Wildfond und etwas von der Beize zugießen, den Braten häufig mit Bratfond beschöpfen. Nach der halben Bratzeit umwenden. Wenn das Fleisch gar ist (Fingerdruck-Probe: Das Fleisch ist gar, wenn nach Druck keine Vertiefung sichtbar bleibt und das Fleisch nur leicht nachgibt), den Braten in Folie wickeln und im ausgeschalteten Ofen ca. 10 Minuten ruhenlassen. Dann tranchieren.

Inzwischen auf der Kochstelle den losgeschabten Bratfond mit etwas Beize und Brühe für die erforderliche Saucenmenge 15 Minuten kochen, dann durch ein Sieb passieren. Das Mehl in wenig Fett dunkel anschwitzen, mit dem heißen Bratensaft aufgießen. Dabei kräftig mit dem Schneebesen durchschlagen. Nochmals 10 Minuten kochen und danach abschmecken. Eventuell mit etwas Rotwein verfeinern.

Beilage: Der Koch empfiehlt gedünstete grüne Bohnenbündel, in angebratene Speckscheiben gewickelt. Außerdem: Abgekühlte Thüringer Klöße, in Scheiben geschnitten, in Mehl gewendet und in heißer Butter goldbraun gebraten.

Tip: Wildfond gibt es in Gläsern fertig zu kaufen. Wie man einen guten Wildfond selbst zubereitet, steht im Rezept „Hasenrückenfilet in Mandeln auf Johannisbeersauce".

(für 4 Personen)
2 frische Gemüsemaiskolben
500 g rohe Kartoffeln
250 g gekochte Kartoffeln
150 ml Wasser oder Milch
Salz
2 - 3 El Mehl
150 g Butterschmalz zum Braten

Mais-Pfannenklöße

Die Maiskolben in kochendem Salzwasser 10 Minuten garen. Dann abkühlen und die Körner mit einem kleinen Löffel vom Kolben lösen.

Aus den roh geriebenen, ausgepreßten Kartoffeln, den gekochten Kartoffeln und der kochenden Flüssigkeit – wie im Rezept „Thüringer Kartoffelklöße" beschrieben – einen Kloßteig bereiten. Die Maiskörner unterkneten, dann auf bemehlter Arbeitsfläche den Teig ca. 3 cm dick ausrollen. Nun runde Plätzchen daraus ausstechen. Die Plätzchen in Mehl wälzen und in heißem Butterschmalz auf beiden Seiten goldbraun braten.

Beilage: Dazu passen jedes frische Gemüse, Salat und eventuell Fleisch. Der Koch empfiehlt gebratene Entenbrust und Spinat oder kleine gebratene Kalbsfiletstreifen und Romanesco-Röschen (ein grüner brokkoliähnlicher Kohl, in Röschen zerteilt, 5 Minuten in Salzwasser gegart).

Berberitzen-Kompott

500 g Beeren vom Berberitzen-Strauch (Sauerdorn)
500 g Zucker

Die gewaschenen Beeren zusammen mit dem Zucker 10 - 15 Minuten kochen. Abgekühlt zu Wild oder Entenbrust servieren. Variation: Das abgekühlte Kompott kann mit Crème Double (ca. 60 % Fett) verrührt werden. Läßt man das Kompott mit Gelatine gelieren, so wird es als Sulz zu kaltem Fleisch gereicht.

Gotano-Rotkohl mit Edel-Ebereschenbeeren

(für 6 Personen)
1 Kopf Rotkohl (1,2 kg)
100 g Zwiebeln
1 El Schweineschmalz
2 - 3 El Essig
20 g Zucker, Salz, Pfeffer
2 Gewürznelken
1 ganze Zwiebel
5 Wacholderbeeren
1/8 l Brühe oder Wasser
100 g säuerliche Äpfel
2 Tl Speisestärke zum Binden
50 ml Gotano (Wermut aus Gotha)
100 g Edel-Ebereschenbeeren
20 g Butter

Den Kohl vierteln, die äußeren Blätter und den Strunk entfernen. Nun den Kohl fein hobeln. Die geschälten Zwiebeln würfeln. In einem großen Topf das Schmalz erhitzen, die Zwiebeln darin glasig dünsten. Nun den Kohl, Essig, Zucker, Salz, Pfeffer, eine mit Gewürznelken gespickte ganze Zwiebel, Wacholderbeeren und Brühe zugeben. Das Gemüse zugedeckt ca. 90 Minuten bei mittlerer Temperatur dünsten, zwischendurch umrühren.

Apfel schälen, entkernen und grob raffeln. Sofort unter den Kohl rühren. Die mit kaltem Wasser angerührte Speisestärke unterrühren und aufkochen. Den Kohl abschmecken und mit Wermut verfeinern.

Die gewaschenen, abgestreiften Edel-Ebereschenbeeren in heißer Butter in einer Pfanne 5 Minuten dünsten. Dann über den Rotkohl verteilen.
Beilage: gebratene Ente, Gans, Schmorbraten, Sauerbraten oder Wild. Außerdem Thüringer Kartoffelklöße.

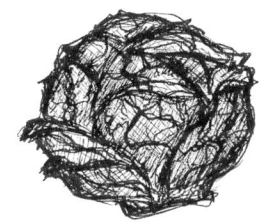

Deutsches Nationaltheater in Weimar

Gespickte Hirschkeule mit Bratapfel

(für 6 Personen)

200 g eiskalter fetter Speck
ca. 1,7 kg Hirschkeule
1 l Buttermilch
5 zerdrückte Wacholderbeeren
1 Zwiebel
2 Gewürznelken
3 Lorbeerblätter
10 Pfefferkörner
100 g Möhre
100 g Sellerie
1 Zwiebel
1 weiße Petersilienwurzel
100 g Butterschmalz zum Anbraten
250 ml Rotwein
ca. 3/4 l Wildfond
eventuell Sahne oder Crème double
(60 % Fettgehalt)

Außerdem:
40 g Zucker
1 Tl gemahlener Zimt
200 g weiche Butter
6 kleine Äpfel, z.B.
Cox Orange oder Elstar

Den Speck zum Spicken in feine Streifen schneiden, 30 Minuten ins Eisfach legen. Danach den gehäuteten Braten in Faserrichtung mit den Speckstreifen spicken (Spicknadel).

Das Fleisch, die Buttermilch, Wacholderbeeren, die geschälte mit Gewürznelken gespickte Zwiebel, Lorbeer und Pfefferkörner zusammen in einen festen Gefrierbeutel geben. Den Beutel dicht verschließen und 24 Stunden kalt legen. Zwischendurch umwenden, damit alle Teile gut mariniert werden.

Das Würzgemüse putzen und waschen. Dann so fein wie möglich würfeln. Das Fleisch abtupfen und im großen Bräter mit heißem Fett rundherum anbraten. Das Würzgemüse 10 Minuten mit anrösten, dabei umrühren. Etwas Rotwein und Wildfond angießen. Das Fleisch im vorgeheizten Ofen bei 160 Grad C ca. 90 Minuten im offenen Bräter braten. Zwischendurch eventuell noch Flüssigkeit angießen. Das Fleisch im ausgeschalteten Ofen zugedeckt 10 Minuten warm halten.

Inzwischen aus der restlichen Flüssigkeit zusammen mit etwas Beize aus dem losgekratzten Bratensatz die Sauce 10 - 15 Minuten kochen, danach durch ein Sieb passieren. Eventuell mit Sahne verfeinern.

Für die Bratäpfel Zucker, Zimt und Butter vermischen. Die gewaschenen, vom Kerngehäuse befreiten ganzen Äpfel damit füllen. Auf eine feuerfeste Platte setzen und 10 Minuten zusammen mit dem Fleisch im Backofen garen. Die Äpfel zum Fleisch servieren.

Beilage: Serviettenkloß, gekochte oder rohe Kartoffelklöße.

Tip: Das Fleisch wird besonders zart und trocknet nicht aus, wenn man es nach dem scharfen Anbraten bei nur 100 Grad C ca. 3 Stunden im Ofen „ziehen" läßt.

Gefüllte Rotkohlköpfchen

(für 4 Personen)
1 kleiner Rotkohl (800 g)
2 l Essig-Salz-Wasser
1 Gewürznelke, Pfefferkörner
1/2 große Gemüsezwiebel
4 El Butterschmalz, 600 g Kastanienpüree
(evt. aus der Dose)
Salz, grob gemahlener Pfeffer
etwas Zitronensaft
1/8 l Brühe oder Rotwein

Den Strunk des Kohls mit einem spitzen Messer kegelförmig herauslösen, die äußeren unansehnlichen Blätter entfernen. Einen großen Topf mit Essig-Salz-Wasser, Nelke und Pfeffer zum Kochen bringen. Den ganzen Kohl aufrecht hineinsetzen und zugedeckt sprudelnd kochen. Mehrmals herausnehmen, nach und nach 8 einzelne angegarte Blätter ablösen. Die Rippen flachschneiden. Wichtig: Die Rotkohlblätter müssen vor dem Füllen fast gar sein, damit sie sich gut füllen lassen und nicht brechen. (Den restlichen Kohl anderweitig verwenden.)

Für die Füllung die feingehackte Gemüsezwiebel in 2 El Butterschmalz andünsten, Kastanienpüree und Gewürzzutaten zugeben. Die Masse portionsweise in Rotkohlblätter füllen, die Blätter aufrollen oder zu kleinen Paketchen packen. Nebeneinander in einen Bräter mit dem restlichen heißen Butterschmalz setzen. Zugedeckt auf der Kochstelle bei Mittelhitze in ca. 30 Minuten fertiggaren, zwischendurch etwas Brühe oder Wein angießen. Beilage: Die Rotkohlköpfchen passen gut zu dunklem Fleisch oder zu gebratenen Kartoffelgerichten.

Tip: Frische Eß-Kastanien werden folgendermaßen zubereitet: Die Haut kreuzweise einritzen, Kastanien in Wasser 20 Minuten kochen. Dann schälen und nochmals in wenig Wasser 20 Minuten dünsten. Alle verbliebenen Häute abziehen, Kastanien dann pürieren.

Tabarzer Dampfklöße (Hefeklöße mit Mohnzucker)

(für 4 Klöße)
200 g Weizenmehl, 15 g frische Hefe
1/8 l lauwarme Milch, 1 1/2 El Zucker
1 Ei, etwas abgeriebene Muskatnuß
1 Msp. Salz, ca. 80 g Pflaumenmus

Mohnzucker:
100 g Mohn, 100 g Puderzucker, 150 g Butter

Mehl in eine Schüssel häufen, oben eine Vertiefung eindrücken. Die Hefe zerbröckeln und mit etwas Milch, Zucker und Mehl verrühren, 10 Minuten an einem warmen Platz zugedeckt stehenlassen. Dann die restliche Milch, den Zucker, das Ei, Muskatnuß und Salz zufügen und alles zu einem geschmeidigen Teig verkneten. Den Teig 30 Minuten zugedeckt gehenlassen. Nun eine Rolle daraus formen, vier Stücke daraus schneiden. Die Stücke zu einer Kugel drehen. Mit einer Gebäckspritze das Pflaumenmus einspritzen, die Öffnung zusammendrücken. Dann die Klöße entweder in gesalzenem Wasser oder im heißen Wasserdampf ca. 12 Minuten garen. Den Mohn im Feinhacker oder in einer Kaffeemühle fein mahlen, den Puderzucker untermischen. Die Butter zerlassen und über die Klöße verteilen. Den Mohnzucker darüberstreuen.

Herbert Frauenberger in seinem Restaurant im „Hotel Frauenberger", Tabarz

Berberitzen-Sorbet (Sauerdornbeeren-Sorbet)

(für 4 Portionen)
125 ml Wasser
250 g Zucker
3 Blätter Gelatine
200 g Berberitzenbeeren
100 ml Rotwein

Zuerst den Läuterzucker bereiten: Wasser und Zucker aufkochen und abschäumen. Die Gelatine in kaltem Wasser einweichen. Dann die gewaschenen Berberitzenbeeren zusammen mit dem Rotwein aufkochen. Pürieren und durch ein Sieb passieren. Läuterzucker, Berberitzenbeeren und die ausgedrückte Gelatine zusammenrühren. In der Eismaschine cremig gefrieren lassen.

Sorbet im Tiefkühlgerät: Während des Gefrierens die Masse immer wieder umrühren, damit sie nicht zu hart wird. Eventuell ein frisches, zu Schnee geschlagenes Eiweiß unterrühren. Vor dem Servieren mit dem Pürierstab aufpürieren.

Violette Kartoffelcrème

(für 8 Portionen)

200 g gekochte, gepellte violette Kartoffeln
1/2 l Milch, 7 Blätter Gelatine, 4 Eigelb
100 g Zucker, 1 Vanillestange, 1/2 l Sahne

Etwa 2/3 der Kartoffeln durch die Kartoffelpresse drücken und mit einigen Eßlöffeln Milch pürieren. Die übrigen Kartoffeln in kleinste Würfelchen schneiden.

Die Gelatine in kaltem Wasser einweichen. Eigelb und Zucker stark schaumig schlagen. Die restliche Milch zusammen mit der aufgeschnittenen Vanilleschote aufkochen. Dann die Vanilleschote aus der Milch nehmen, das herausgeschabte Vanillemark zurück in die Milch geben. Kartoffelpüree unterschlagen und die Masse durch ein Sieb geben. Die Kartoffelmilch nach und nach unter die Eigelbmasse schlagen. Die Crème in einen Topf gießen und im Wasserbad bis „zur Rose" aufschlagen. Die ausgedrückte Gelatine unterschlagen und vollkommen auflösen. Die Crème in Eiswasser stellen und kalt rühren. Wenn sie beginnt, dick zu werden, die Kartoffelwürfelchen und die steifgeschlagene Sahne unterrühren. Nun in gebutterte Timbalförmchen (oder in eine größere Sturzform) füllen. Die Form dabei einige Male auf ein darunter gelegtes feuchtes Tuch aufstoßen, damit keine Luftblasen in der Form bleiben. Einige Stunden kalt stellen. Vor dem Servieren stürzen.

Wichtig: Violette Kartoffeln sind in Exoten-Fruchtgeschäften auf Bestellung zu beziehen. Die Crème läßt sich ersatzweise aus Süßkartoffeln zubereiten.

Serviertip: Vanillesauce oder Nougatsauce und frische, eisgekühlte Datteln dazu anrichten.

KUCHEN, KLÖTZCHEN UND KARRIERE

Als Bundespräsident Roman Herzog Rudolstadt in Thüringen besuchte, kam er auch zur neuen Modellbausteinspiele GmbH, viel bekannter unter dem alten Namen „Ankerbausteine". Die fast zur Legende gewordenen Spielzeug-Bausteine, ein Gemisch aus Quarzsand, Kreide, Farbpulver und Leinöl, wurden seit 1880 in Rudolstadt gefertigt. Generationen spielten damit, und Sammler in der ganzen Welt begeistern sich noch heute dafür. Der passionierteste wohnt in Amerika und besitzt 125 000 Stück. Burgen, Kirchen, Türme und Schlösser lassen sich aus den seidig-matten, steinernen Klötzchen aufschichten und, wie so oft bei technischem Spielzeug: Die Väter wetteifern mit ihren Kindern.

Nun gibt es sie also wieder, die Anker-Bausteine, Stück für Stück handgefertigt. Das farbige Steinmehl kommt in Klötzchenportionen in eine Handpresse, wird anschließend vermessen und bei 120 Grad getrocknet. Fünf Frauen in der Werkhalle, hochmotivierte frühere Langzeitarbeitslose, machen Ernst aus dem Spiel „Backe, backe Kuchen …" Und, siehe da, die Schichtleiterin Bettina Schiebel ist wirklich eine Kuchenbäckerin. Hobby oder zweiter Beruf? Jedenfalls bäckt sie die besten Kuchen weit und breit für einen großen Freundeskreis. Und damit gehört ihr ein Platz in unserem Buch.

Wer versucht ist, den Kopf hängen zu lassen, weil mit der „Wende" das Geldverdienen gar so schwer geworden ist, höre sich einmal an, was Bettina schon alles gemacht hat, um finanziell auf den Beinen zu bleiben: Feinoptiker, Erzieherinnenausbildung,

Kindergartentante – ihre liebste Aufgabe. Umschulung zur Kauffrau für Grundstücks- und Wohnungswirtschaft. Tonband-Laufwerkkontrolle. Puppenkleider nähen, Kinderportemonnaies und Schlüsseltaschen. Das ließ sich teilweise als Heimarbeit machen, und so kam die Familie – Mann und zwei Kinder gab's nämlich auch noch – nicht zu kurz. Und mit Kuchen schon gar nicht.

Bettina Schiebel ist zwar aus dem Erzgebirge zugewandert, aber das Kuchenbacken hat sie in Thüringen gelernt, und echt Thüringer Rezepte sind es, die sie uns präsentiert:

Bunter Plattenkuchen

Teig:

50 g Butter oder Margarine, 50 g Zucker
2 kleine Eier, 4 El kalte Milch
eventuell einige Tropfen rote Lebensmittelfarbe
Mehl, 1/2 Päckchen Backpulver

Belag:

150 g geraspelte Kokosnuß, 100 g zerlassene
Butter oder Margarine, 100 g Zucker, 1 Ei

Buttercrème:

1/2 Päckchen Vanillepuddingpulver
1/4 l Milch, 6 El Zucker, 125 g weiche Butter

Schokoladenguß:

60 g Kokosfett, 40 g Puderzucker (ca. 3 El)
35 g Kakaopulver (ca. 2 El), 1 Ei

Für den Teig das Fett zusammen mit dem Zucker schaumig rühren. Dann nacheinander die Eier, die Milch und eventuell die Lebensmittelfarbe unterrühren. Nun soviel mit Backpulver gemischtes Mehl unterarbeiten, daß ein ausrollbarer Teig entsteht. Alles auf ein gut gefettetes Backblech geben.

Die Zutaten für den Belag gut verrühren und auf dem Teig verteilen. Bei 180 Grad ca. 20 Minuten backen. Den Kuchen abkühlen lassen.

Für die Buttercrème das Puddingpulver mit ein wenig Milch und dem Zucker anrühren. Die übrige Milch aufkochen, Puddingpulver einrühren, aufkochen und kalt werden lassen. Den Pudding löffelweise unter die schaumig gerührte Butter rühren. Die Buttercrème auf dem Kuchen verteilen.

Das Kokosfett bei geringer Hitze zerlassen. Dann die übrigen Zutaten nacheinander unterrühren. Den flüssigen, aber kühlen Guß sofort mit dem Spritzbeutel in feinem Strahl kreuzweise auf der Buttercrème verteilen. Kuchen mindestens 2 Stunden kalt stellen. Danach in kleine Quadrate schneiden.

Nußecken

Teig:
300 g Mehl
1/2 Päckchen Backpulver
150 g Zucker
1 Vanillezucker
150 g Butter oder Margarine
2 Eier

Zum Bestreichen:
ca. 400 g Aprikosenmarmelade

Nußmasse:
200 g Butter
200 g Zucker
2 Vanillezucker
4 El Wasser
400 g gemahlene Haselnüsse

Die Teigzutaten mit den Knethaken oder mit kühlen Händen zu einem Knetteig verarbeiten. Dann auf einem gefetteten Backblech ausrollen. Mit leicht erwärmter, durch ein Sieb gedrückter Marmelade bestreichen.

Für die Nußmasse alle Zutaten bis auf die Nüsse aufkochen, danach die Nüsse einrühren. Die Masse auf dem Blech verteilen. Dann bei 180 Grad C ca. 25 - 30 Minuten goldgelb backen. Nach dem Abkühlen in nicht zu große Dreiecke schneiden.

Thüringer Plattenkuchen mit verschiedenen Füllungen

Teig für 2 Kuchenplatten:
250 g Margarine
4 Eier, 200 g Zucker
1/2 Tasse Öl, z.B. Sonnenblumenöl
1/2 Tasse (ca. 85 ml) lauwarmes Wasser
1 Päckchen Vanillepuddingpulver
400 g Mehl, 1/2 Backpulver

Die Margarine bei geringer Hitze zerlassen. Die Eier zusammen mit dem Zucker schaumig schlagen. Dann das Fett und das Wasser unterschlagen. Puddingpulver, Mehl und Backpulver vermischen und nach und nach unter die Eier-Fett-Masse rühren.

Zwei Backbleche mit Backpapier oder geöltem Pergamentpapier auslegen. Den Teig darauf verteilen und backen: bei 170 bis 180 Grad C, ca. 17 Minuten auf der zweiten Schiene von unten. Im Umluftbackofen können zwei Bleche gleichzeitig abgebacken werden.

Nach dem Backen die beiden Kuchenplatten auf eine mit Zucker bestreute Arbeitsfläche stürzen. Das Backpapier sofort abziehen. Nach dem Abkühlen eine Platte mit Füllung bestreichen, die andere mit der glatten Seite nach oben daraufsetzen.

Variation: Für einen braunen Teig 50 g Mehl durch 50 g Kakaopulver ersetzen. In diesem Fall den Plattenkuchen mit Nougat-Crème füllen (siehe Rezept „Nougatcrème-Füllung").

Tip: In Thüringen wird Plattenkuchen manchmal rosa gefärbt. Dafür dem Teig einige Tropfen Speisefarbe zusetzen.

Freilichtmuseum Thüringer Bauernhäuser in Rudolstadt ▶

Diverse Füllungen für Plattenkuchen

Apfelmus-Mandel-Füllung

200 g geschälte, fein gemahlene Mandeln
100 g Puderzucker
7 El Apfelmus (ca. 200 g)

Die verrührten Zutaten auf die gebackene Kuchenplatte verstreichen. Dann die zweite Kuchenplatte daraufsetzen. Mit Buttercrème (siehe Rezept „Bunter Plattenkuchen") bestreichen. Vor dem Servieren zwei Stunden kalt stellen.

Nougatcrème-Füllung

2 Pakete Nougat
(à 200 g)
125 g weiche Butter
50 g Puderzucker
1 Päckchen Vanillezucker
2 Eier
60 g geriebene Schokolade
60 g geschälte und fein gemahlene Mandeln
60 g zerlassenes
abgekühltes Plattenfett (Kokosfett)

Nougat, Butter und Zucker glatt verrühren. Dann nacheinander die restlichen Zutaten unterrühren. Die Füllung eignet sich insbesondere für Schokoladen-Plattenkuchen.

200 g weiche Butter **Eierlikörcrème-Füllung**
125 g Puderzucker
4 Eigelb
3 Schnapsgläser Eierlikör
150 g zerlassenes, abgekühltes Plattenfett

Alle Zutaten – bis auf das Plattenfett – gut verrühren, zum Schluß löffelweise das Plattenfett unterrühren. Die Crème auf die Kuchenplatte streichen, mit einem Messer ein gitterförmiges Muster markieren. Den Kuchen kalt stellen. Danach mit Schokoladenguß ein Gitter aufbringen (oder Guß in einen Spritzbeutel mit feiner Tülle geben, kreuz und quer Schokoladen-Linien ziehen).

8 Äpfel (ca. 850 g) **Apfel-Füllung**
2 Eier
125 g Zucker (ca. 1 Tasse)
Saft von 1 Zitrone
1 Päckchen Vanillepuddingpulver
180 ml Wasser (1 Tasse)

Die Äpfel schälen, entkernen, waschen und in kleine Scheiben schneiden. Die Eier zusammen mit dem Zucker schaumig schlagen. Dann den Zitronensaft, das Puddingpulver und das Wasser unterschlagen. Die Äpfel zufügen und die Masse in einem Topf auf der Kochstelle erhitzen, aufkochen und danach abkühlen lassen. Dann auf die Kuchenplatte streichen.
Fertigstellung: Den Kuchen mit 400 ml steifgeschlagener, gezukkerter Sahne bestreichen.

Preiselbeercrème-Füllung

1 Würfel Plattenfett (25 g)
400 ml Sahne (2 Becher)
200 g eingemachte Preiselbeeren
(aus dem Glas, à 400 g Einwaage)

Das Plattenfett zergehen und abkühlen lassen. Die Sahne steif schlagen. Zuerst die Preiselbeermarmelade, dann das weiche Plattenfett unterschlagen. Die Kuchenplatte damit bestreichen. Fertigstellung: Den bestrichenen Kuchen mit gehobelter Schokolade oder Schokoblättchen bestreuen.

Nuß-Füllung

200 g Haselnußkerne (oder Mandeln)
200 g Butter
200 g Zucker
2 Eier

Die Nußkerne in der Pfanne leicht rösten. Dann die Schalen abreiben, Nüsse auf einen groben Durchschlag geben. Danach die fast enthäuteten, abgekühlten Nüsse fein mahlen. Die Butter bei geringer Hitze zerlassen. Zucker und Nüsse unterrühren. Zum Schluß die Eier dazugeben. Den Kuchen mit der Crème bestreichen. Entweder eine zweite Kuchenplatte daraufsetzen und diese mit Schokoladenguß verzieren oder die Crème – ohne Kuchendecke – mit Schokoladenblättchen bestreuen.

Zitronencrème-Füllung	*125 g Plattenfett*
	250 g Puderzucker
	Saft von 2 Zitronen
	2 Eiweiß
	1 Prise Salz

Das Fett bei geringer Hitze zergehen und dann abkühlen lassen. Den Puderzucker unterrühren. Nun tröpfchenweise den Zitronensaft einrühren. Eiweiß zusammen mit Salz steif schlagen und unter die Fett-Zitronen-Masse heben (vorsichtig verrühren, damit der Eischnee nicht zusammenfällt). Die Crème auf den Kuchen streichen.

Variation: Den Kuchen anschließend mit abgetropften Mandarinen belegen.

Quarkcrème-Füllung	*200 g Plattenfett*
	200 g weiche Butter, 200 g Puderzucker
	1 Päckchen Vanillezucker, 2 Eigelb
	500 g abgetropfter Magerquark
	Saft von 1 Zitrone

Das Plattenfett bei geringer Hitze zergehen und dann abkühlen lassen. Butter, Puderzucker, Vanillezucker und Eigelb schaumig schlagen. Dann den Quark und den Zitronensaft unterrühren. Zum Schluß das Pflanzenfett untergeben. Die Quarkcrème auf die Kuchenplatte streichen.

Variation: Den Kuchen anschließend mit frischen, gezuckerten Beeren belegen.

Für 2 Kuchenplatten:

150 g Butter, 200 g Zucker
5 Eier, 150 g gemahlene Mandeln
15 g Instant-Kaffeepulver (ca. 1 1/2 El))
250 g Mehl, 1/2 Päckchen Backpulver

Kaffee-Kuchen

Füllung:

25 g Plattenfett (1 Würfel)
100 g weiche Butter, 200 g Puderzucker
50 g Kakao (4 - 5 El)
15 g Instant-Kaffeepulver
3 cl Rum (1 1/2 Schnapsgläschen)
4 cl Kaffeesahne (2 Schnapsgläschen)

Für den Teig Butter und Zucker schaumig rühren, bis der Zucker sich gelöst hat. Dann nacheinander die Eier unterrühren. Nun die restlichen Zutaten dazugeben. Den Teig auf zwei mit Backpapier ausgelegte Backbleche streichen und bei 180 Grad C auf der zweiten Schiene von unten 15 - 17 Minuten backen. Die Kuchenplatten auf die mit Zucker bestreute Arbeitsfläche stürzen. Das Backpapier sofort abziehen. Kuchen abkühlen lassen. Eine Platte mit Füllung bestreichen. Die andere später als Kuchendecke verwenden.

Für die Füllung das Plattenfett zerlassen. Butter und Puderzucker schaumig rühren. Alle übrigen Zutaten, zuletzt das flüssige Plattenfett, unterrühren. Die Crème auf die abgekühlte Kuchenplatte verteilen. Die zweite Platte – mit der Unterseite nach oben – auf die Crème legen.

Tip: Den Kaffee-Kuchen mit Schokoladenguß und Mokkabohnen verzieren. Variation: Auf den Schokoladenguß kleine Tupfer von rosa und grün gefärbter Buttercrème setzen, dazwischen je eine Mokkabohne legen.

Kaffeeplätzchen

Teig:
130 g weiche Butter
80 g Zucker, 2 Eigelb
1 El Kaffeesahne (10% Fett)
1 Tl Instant-Kaffeepulver
10 g feingemahlene Haselnüsse
250 g Mehl
1/2 Päckchen Backpulver

Füllung:
50 g weiche Butter, 10 g Zucker
1 Päckchen Vanillezucker
1 Eigelb
50 g gemahlene Haselnüsse
1 Tl Instant-Kaffeepulver

Schokoladenguß:
ca. 150 g Kuvertüre

Die Teigzutaten bis auf Mehl und Backpulver verrühren. Dann das mit Backpulver gemischte Mehl zufügen und alles gut verkneten. Danach den Teig 2 Stunden im Kühlschrank ruhenlassen. Später auf bemehlter Arbeitsfläche ausrollen, runde (ca. 3 cm

◄ *Blick von der Leuchtenburg*

Durchmesser) Plätzchen ausstechen. Auf dem gefetteten Backblech bei 200 Grad C ca. 10 - 12 Minuten backen. Vom Blech nehmen und auf einem Kuchengitter auskühlen lassen.

Nun für die Füllung Butter, Zucker und Vanillezucker schaumig rühren. Das Eigelb unterrühren, zum Schluß Nüsse und Kaffeepulver dazugeben. Die halbe Plätzchenmenge mit der Füllung bestreichen, jeweils ein unbestrichenes Plätzchen daraufsetzen. Die Kuvertüre nach Packungsanweisung im warmen Wasserbad auflösen. Die Plätzchen damit bestreichen.

Nußplätzchen

250 g Butter oder Margarine
250 g Puderzucker
4 Eier
250 g feingemahlene Haselnüsse
65 g Kakaopulver
1 Tl gemahlener Zimt
1 Msp. gemahlene Gewürznelken
1 Prise Salz
250 g Mehl
1/2 Päckchen Backpulver

Das Fett zusammen mit dem Zucker so lange schaumig rühren, bis der Zucker sich gelöst hat. Nun nach und nach die Eier unterrühren. Danach Nüsse, Kakao und die Gewürzzutaten einarbeiten. Mehl und Backpulver mischen, durch ein Sieb zu den anderen Zutaten geben und alles gut verrühren.

Mit einem Teelöffel kleine Teighäufchen auf Oblaten setzen. Bei 180 Grad C ca. 15 Minuten backen.

Über dem Saaletal, auf dem Wege von Jena nach Naumburg, liegen die drei Dornburger Schlösser: das Alte Schloß, das Rokokoschloß und das Renaissanceschloß. Schon Johann Wolfgang von Goethe hatte 1828 für mehrere Sommerwochen im Renaissanceschloß Quartier genommen. Das berühmteste der drei Schlösser ist das im achtzehnten Jahrhundert für Herzog Ernst August erbaute Rokokoschloß. Jahr für Jahr kommen die Besucher in Scharen, um sich an den historischen Räumen und Gärten zu freuen und um nach dem Kunstgenuß den Dornburger Kuchen zu probieren.

ROSENFEST UND KÖSTLICHE KUCHEN IN DORNBURG

In der alten Stadt ist am letzten Wochenende im Juni alles auf den Beinen, um das „Rosenfest" zu feiern und die Rosenkönigin zu wählen – in Erinnerung an den 24. Juni 1873, als der Großherzog Carl-Alexander von Sachsen-Weimar-Eisenach unter Jubel und Blumen seinen 55. Geburtstag feierte. Beim festlichen Umzug und bei Theateraufführungen in historischen Gewändern kann man die Geschichte der Stadt heute wieder miterleben.

Es war im Juni 1990 beim Rosenfest, als Andrea Germar zum erstenmal ihre hausgemachten Zwiebelkuchen an die Festbesucher verkaufte. Im Handumdrehen waren die fünf Backbleche leer. Kein Wunder, denn Andreas Kuchen ist von besonderer Art. Keine industriell vorgefertigten Backzutaten kommen in den Teig. Hier ist jede Zwiebel – unter Tränen – mit der Hand geschnitten, in Speckfett gedünstet, bevor sie auf dem echt thüringischen Hefeteig mit einer Mischung aus Eiern und saurer Sahne begossen wird. Auch im Oktober beim Zwiebelmarkt in Weimar ist der Zwiebelkuchen aus Altengönna heiß begehrt. Denn an den klar-kalten Herbsttagen schmeckt diese thüringische Spezialität genauso gut wie die berühmte Rostbratwurst und das Köstritzer Schwarzbier. Alles vom Besten, das ist die Devise der „Backstube Altengönna".

Das Konzept ist so gut aufgegangen wie ihr Gebäck. Mohnkuchen, Quarkkuchen, Bienenstich, Wespenstich, Fruchtkörbchen, Erdbeerschnitten und noch mehr – die Palette hat sich auf viele Sorten erweitert. Während der Kaffee vor uns in den Tassen dampft, erzählt die erfolgreiche Bäckerin ihre Geschichte.

Sie hatte als Buchhalterin in einer LPG gearbeitet, als 1989 die Wende kam. Fast alle wurden mit einem Schlag arbeitslos. Was tun? Backen war schon immer Andrea Germars Leidenschaft gewesen. Warum also nicht einen Beruf daraus machen? Mit vier ihrer Kolleginnen stellte sie sich in die Kantinenküche, holte die Familienrezepte ihrer Mutter heraus, wog ab, rührte, knetete und warf den Backofen an. Inzwischen sind dreißig Frauen schon morgens um fünf auf den Beinen, damit pünktlich um acht die knusprigen Kuchen auf den Ladentisch kommen.

Im Backparadies Thüringen wird meistens auf dem Blech gebacken, aus Hefeteig, belegt mit Obst, Mohn, Streusel oder Quark. Obenauf gehört ein Guß aus saurer Sahne und Eiern, damit der Blechkuchen richtig saftig wird. Andrea Germar weiß noch die besonderen Kniffe ihrer Mutter. So kommt in den Rahmguß eine Spur Natron wegen der besseren Bräunung, in den Wespenstich Honig für den appetitlichen Glanz.

Die Kuchen spielen in Thüringen eine wichtige Rolle. Keine Hochzeit oder Familienfeier, bei der nicht an die zehn Sorten auf dem Tisch stehen. – Hier einige von Andrea Germars guten Rezepten.

Dornburg, Renaissanceschloß ▶

Thüringer Zwiebelkuchen

Hefeteig:
375 g Mehl, 30 g Hefe
125 ml (1/8 l) Milch
1 Ei, knapp 1 Tl Salz
60 g weiche Butter

Belag:
1,5 kg Zwiebeln, 4 El Öl
Salz, 1 Tl Kümmel

Guß:
250 ml saure Sahne, 2 Eier

Den Hefeteig wie im Rezept „Mohnkuchen" zubereiten und durchkneten, bis der Teig geschmeidig ist. Nach dem Verkneten den Teig 30 Minuten zugedeckt am warmen Ort aufgehen lassen. Nochmals durchkneten, auf einem gefetteten Backblech verteilen. An einen warmen Ort stellen.

Die geschälten Zwiebeln würfeln. Dann in einer großen Pfanne im heißen Öl unter Umrühren hell andünsten. Salz und Kümmel zufügen. Nach dem Abkühlen die Zwiebeln auf dem Hefeteig verteilen. Sahne und Eier verrühren und über die Zwiebeln gießen. Dann bei 200 Grad C ca. 20 Minuten backen. Den Kuchen warm servieren. Dazu passen Köstritzer Bier oder Thüringer Weißwein (aus dem Saale-Unstrut-Gebiet).

Tip: Man kann die Zwiebeln in Speckfett andünsten.

Hefeteig: # Quarkkuchen
siehe Rezept „Mohnkuchen"

Belag:

1/2 Päckchen Vanillepuddingpulver
20 g Zucker, 200 ml (1 Tasse) Milch
750 g abgetropfter Magerquark (zimmerwarm)
130 g Zucker, 4 ganze Eier, 1 Eigelb
1/2 Päckchen Vanillepuddingpulver
2 Päckchen Vanillezucker, Saft und abgeriebe-
ne Schale von 1 unbehandelten Zitrone
100 g Rosinen, 2 cl Rum (1 Schnapsglas)
120 g weiche Butter oder Margarine

„Ditsche" (Ierguß):
2 Eigelb, 150 g Zucker
100 ml saure Sahne (10 % Fett)
30 g Mehl, 1/2 Tl Natron, 1 Eiweiß

Den Hefeteig wie im Rezept „Mohnkuchen" beschrieben zubereiten und nach dem Aufgehen auf der gefetteten Fettfangschale des Backofens verteilen. Nochmals ca. 20 Minuten aufgehen lassen.

Für den Belag das halbe Päckchen Puddingpulver und den Zucker mit etwas kalter Milch anrühren. Die restliche Milch in einem kleinen Topf aufkochen, das Puddingpulver hineinrühren, einmal aufkochen. Den Pudding mit etwas Zucker bestreuen und zugedeckt im kalten Wasserbad abkühlen lassen. Nun Quark, Zucker, Eier, Eigelb, das restliche Puddingpulver, Vanillezucker, Zitronensaft und -schale mit dem Handrührgerät verrühren. Dann Rosinen, Rum, nach und nach das weiche Fett und zum Schluß den nochmals durchgeschlagenen Pudding unterrühren. Die Quarkmasse auf dem Hefeteig verstreichen. Den Kuchen bei 50 Grad im Ofen 15 Minuten gehen lassen.

Inzwischen den Eierguß bereiten: Dazu Eigelb und Zucker schaumig rühren. Die saure Sahne unterrühren, dann das mit Natron vermischte Mehl hineinsieben und unterrühren. Eiweiß steif schlagen und unterrühren. Den Guß löffelweise gleichmäßig auf der Quarkmasse verteilen. Den Kuchen auf der unteren Schiene bei 175 Grad C ca. 40 Minuten backen.

Wespenstich

Aprikosenbelag:
250 g Trockenaprikosen
325 ml Wasser zum Einweichen
4 El Zucker, 2 Tl Speisestärke , 3 Tl Wasser

Außerdem:
1 Paket tiefgefrorener Blätterteig (à 300 g)

Wespenstichmasse:
175 g geschälte, in Stifte geschnittene Mandeln,
175 g Butter, 150 g Zucker, 1 El Honig

Rührteigboden:
150 g weiche Margarine, 150 g feiner Zucker
abgeriebene Schale von 1 Zitrone
1 Päckchen Vanillezucker, 1 Prise Salz
3 Eier, 2 gestrichene Tl Backpulver, 300 g Mehl

Die gewaschenen Aprikosen am Vorabend im kalten Wasser einweichen. Am nächsten Tag Aprikosen, Wasser und Zucker zugedeckt 30 Minuten sanft kochen. Dann mit kalt angerührter Speisestärke binden, einmal aufkochen. Mit dem Pürierstab fein zerkleinern und abkühlen lassen.

Die Blätterteigscheiben auftauen lassen. Für die Wespenstichmasse die Mandeln in Wasser 3 Minuten kochen. Abgießen, kalt abspülen und aus der Schale drücken. Die Mandeln in Stifte schneiden oder hacken. Das Fett zusammen mit Zucker und Honig schmelzen lassen. Die Mandeln unterrühren.

Die Margarine zusammen mit dem Zucker schaumig rühren. Zitronenschale, Vanillezucker und Salz dazugeben. Dann ein Ei nach dem anderen unterziehen. Backpulver und Mehl vermischen, löffelweise unterrühren. Nun den Teig auf die ausgefettete Fettfangschale des Backofens streichen. Darauf die Aprikosenmasse verteilen. Die aufgetauten Blätterteigscheiben alle übereinander legen und zu einer Platte in der Größe des Backbleches ausrollen. 10 Minuten ruhenlassen. Den Teig dann um die Backrolle wickeln und auf der Aprikosenschicht abrollen. Mit einer Gabel mehrfach einstechen. Die Mandelmasse nun auf dem Blätterteig verteilen. Backen: Auf der zweiten Schiene von unten bei 210 Grad C ca. 35 Minuten.

Krokantkuchen

1 Rezept Wespenstichmasse
siehe Rezept „Wespenstich"

Biskuitplatte:
4 Eiweiß, 4 Eigelb, 4 El heißes Wasser
150 g Zucker, 150 g Mehl
1 Tl Backpulver
eventuell 60 g flüssige Butter oder Margarine
wahlweise etwas rote Speisefarbe

Außerdem:
300 g tiefgefrorener Blätterteig

Buttercrème:
1 Päckchen Vanillepuddingpulver
100 g Zucker, 1/2 l Milch
250 g weiche Butter

Die Wespenstichmasse wie im Rezept „Wespenstich" bereiten und abkühlen lassen.

Für den Biskuit das Eiweiß steif schlagen. Danach Eigelb, heißes Wasser und Zucker schaumig schlagen, bis der Zucker gelöst ist. Nun den Eischnee auf die Eigelbcrème geben, vorsichtig durchrühren. Das mit Backpulver vermischte Mehl nach und nach einsieben und vorsichtig unterziehen. Eventuell zum Schluß in feinem Strahl die flüssige – nicht heiße – Margarine (und eventuell einige Tropfen Speisefarbe) unterrühren.

Backen: Auf einem mit Pergament oder Backpapier ausgelegten Backblech im vorgeheizten Backofen bei 225 Grad C ca. 10 Mi-

nuten, bis der Teig hellgelb ist. Nach dem Backen die Kuchen-
ränder vom Blechrand losschneiden. Das Backblech auf ein mit
Zucker bestreutes Geschirrtuch stürzen, das Papier mit kaltem
Wasser bestreichen und sofort abziehen. Die Biskuitplatte abkühlen lassen.

Die aufgetauten Blätterteigplatten alle übereinander legen und
zu einem Rechteck in Größe des Backblechs ausrollen. Den Teig
10 Minuten ruhenlassen. Das befeuchtete Blech mit Backpapier
auslegen, Papier mit kaltem Wasser bepinseln, die Blätterteigplat-
te darauflegen, mit einer Gabel mehrfach einstechen. Mit der
Mandelmasse bestreichen. Im vorgeheizten Backofen auf der
zweiten Schiene von unten bei 225 Grad C in ca. 15 Minuten
goldbraun backen. Etwas abkühlen lassen, dann vorsichtig unzer-
schnitten vom Papier lösen.

Für die Buttercrème das Puddingpulver und den Zucker mit
etwas kalter Milch anrühren. Die restliche Milch aufkochen, das
Puddingpulver einrühren und einmal aufkochen. Dann mit etwas Zucker bestreut, zugedeckt im kalten Wasserbad abkühlen
lassen. Die weiche Butter schaumig rühren. Dann den nochmals
durchgerührten Pudding eßlöffelweise unterschlagen.

Danach den Krokantkuchen fertigstellen: Den abgekühlten
Mandelboden gleichmäßig mit Buttercrème bestreichen. Darauf
die umgedrehte Biskuitplatte legen und überall gut andrücken.
Einige Stunden durchziehen lassen. Vor dem Servieren mit ein
wenig Puderzucker bestäuben.

Variation: Statt die Biskuitplatte rosa zu färben, können Sie zwischen Buttercrème und Biskuitdecke eine Schicht Johannisbeer-
oder Sauerkirschgelee streichen.

Mohnkuchen

Hefeteig:
300 g Mehl, 25 g Hefe, 50 g Zucker
ca. 125 ml lauwarme Milch, 1 Prise Salz
abgeriebene Schale von 1 unbehandelten Zitrone
50 g weiche Butter

Belag:
300 g feingemahlener Mohn
30 g Weizengrieß, 80 g Zucker
30 g Mehl, 800 ml Milch
250 g Butter, 75 g Rosinen
2 Schnapsgläschen Rum (4 cl), 1 Ei

„Ditsche" (Eierguß):
2 Eigelb, 150 g Zucker, 100 ml saure Sahne
30 g Mehl, 1/2 Tl Natron, 1 Eiweiß

Das Mehl in eine Schüssel häufen, in die Mitte eine Vertiefung drücken. Die zerbröckelte Hefe und etwas Zucker hineingeben. Mit ein wenig Milch und Mehl zu einem Brei verrühren. Den Vorteig mit Mehl bestäubt, zugedeckt, an einem warmen Ort 10 Minuten aufgehen lassen. Dann die restlichen Teigzutaten zufügen und alles zu einem geschmeidigen Teig verarbeiten. Nochmals zugedeckt am warmen Ort ca. 30 Minuten aufgehen lassen.

Inzwischen den Belag kochen: Mohn, Grieß, Zucker und Mehl vermischen. Die Milch aufkochen, die Mohnmischung langsam einrieseln lassen, dabei dauernd umrühren. Aufkochen, danach etwas abkühlen lassen. Dann die restlichen Zutaten für den Belag unterrühren.

Den Hefeteig in die gefettete Fettfangschale des Backofens verteilen. Den Belag gleichmäßig daraufstreichen. Den Kuchen nochmals bei 50 Grad C im Backofen 30 Minuten aufgehen lassen. Für den Guß Eigelb und Zucker schaumig rühren, dann die saure Sahne unterrühren. Mehl und Natron vermischen, durch ein Sieb hinzufügen und unterrühren. Eiweiß steif schlagen und unterrühren. Den Eierguß auf der Mohnmasse verteilen. Dann den Kuchen auf der zweiten Schiene von unten bei 190 Grad C 40 - 45 Minuten backen.

Variation: Statt Eierguß kann der Mohnkuchen auch einen Belag aus Streuseln bekommen. Dazu 185 g Butter und 120 g Zucker aufkochen, 250 g Mehl und 1 Prise Salz hineinmischen. Streusel formen, leicht mit Mehl überstäuben und auf den Kuchen verteilen.

Schokoladenkuchen auf dem Blech

250 g weiche Butter oder Margarine
200 g feiner Zucker
8 El (ca. 100 ml) Öl, 5 Eier
2 Tassen (ca. 180 g) Kakaopulver
2 Tassen (ca. 200 g) Mehl
2 gestr. Tl (10 g) Backpulver
250 ml saure Sahne (10 % Fettgehalt)

Zum Verzieren:
300 g Puderzucker
1/8 l Flüssigkeit: zum Beispiel 3 El heißes
Wasser und 5 El Rum oder Weinbrand
eventuell bunte Zuckerstreusel

Butter oder Margarine schaumig rühren, den Zucker eßlöffelweise zufügen und rühren, bis der Zucker sich gelöst hat. Danach das Öl unterrühren. Nun ein Ei nach dem anderen einrühren. Kakaopulver, Mehl und Backpulver mischen, nach und nach durch ein Sieb zufügen. Zwischendurch auch die saure Sahne mit einrühren. Den Teig auf ein gefettetes Backblech geben und verstreichen. Bei 190 Grad C ca. 17 Minuten backen, 5 Minuten im ausgeschalteten Ofen nachbacken.

Den durchgesiebten Puderzucker zusammen mit der nach und nach zugefügten Flüssigkeit zu einem nicht zu dickflüssigen, gut streichfähigen Guß verrühren. Den warmen Kuchen damit verzieren. Eventuell sofort mit Zuckerstreusel bestreuen.

Tip: Man kann den Kuchen vorher mit heißer, durch ein Sieb gestrichener Aprikosenmarmelade bestreichen.

Eierlikörkuchen

Teig:

(2/3 Rezept „Schokoladenkuchen")
165 g weiche Margarine oder Butter
135 g feiner Zucker
5 El Öl, 3 Eier
165 g saure Sahne
120 g Kakaopulver
135 g Mehl
1 1/2 Tl Backpulver

Crème:

250 g weiche Butter
150 g Puderzucker
4 Eigelb
3 Gläschen Eierlikör
150 g flüssiges Plattenfett

Dekoration:

Schokoladenraspel

Aus den Teigzutaten – wie im Rezept „Schokoladenkuchen" beschrieben – einen Rührteig bereiten. Gleichmäßig dünn auf ein gut gefettetes Backblech streichen und bei 190 Grad C ca. 15 Minuten backen.

Die Crème bereiten: Die weiche Butter und den Zucker cremig rühren. Nacheinander die Eigelbe unterrühren. Zum Schluß den Eierlikör und das abgekühlte Fett zufügen. Die Crème auf dem abgekühlten Kuchen verstreichen, mit Schokoladenraspel bestreut einige Stunden durchziehen lassen.

Alphabetisches Register

◀ *Dorndorf bei Rudolstadt*

Register nach Speisen geordnet

149